中華文化叢書

中醫

望聞問切、經脈針灸、益氣養生，它，傳統而神祕的科學；從原始社會至今，數千年實踐與傳承，它，源遠流長、底蘊深厚；《黃帝內經》《本草綱目》，它，名著浩繁；扁鵲、華佗，它，名家輩出。它就是中醫。本書將帶你走進中醫的奇妙世界。

于智華 —— 編著

崧燁文化

前　言

　　中醫（Traditional Chinese Medicine），即中國傳統醫學。在中國五千年的文化長河當中，中醫以其昌盛的發展和不朽的功勞，佔據了一席之地。

　　自從有人類出現，基本的醫療保健活動便產生了。人類在與疾病做鬥爭的同時，逐漸認識疾病，努力攻克疾病，並逐漸掌握了一套防治疾病的方法。

　　中國古代勞動人民，以樸素的唯物論和辯證法思想作為指導，經過長期的研究，在實踐當中做出總結，逐步形成了一門專業學科——中醫學。我國是多民族的國家，在傳統的醫學領域中包含多個支系，如苗醫、藏醫、蒙醫等。中醫學以漢醫學為主，在我國乃至世界上都有重要的影響。少數民族醫學因其各自的特色和專長，呈現出蓬勃發展的態勢。

　　中醫學主要以陰陽五行思想為基礎，包括精氣學說、陰陽學說、五行學說、藏象學說、病因學說和元氣學說。中醫學理論強調整體觀念和辨證論治觀念。整體觀念即人體是一個統一而完整的整體，並認為人體與自然也具有統一性，人體依賴於自然而生存。辨證論治也稱辨證施治，則是要求充分地認識疾病，從症狀、性質、體征到發病時期，然後再針對病症進行治療。

　　中醫學的發展，同人類歷史的發展相同，經歷了一個漫長的時期。中國是醫藥發祥較早的國家之一，每一朝代都有發展與成就，每一朝代都有在中醫發展中做出巨大貢獻的名醫。

　　中醫起源於原始社會。

　　夏商周時期，巫醫並存，在葡筮的資料當中，發現了大量的醫和藥的記載，這便是醫學的基本雛形。

　　春秋戰國時期，初步形成中醫理論的雛形。當時的社會發生了巨大的變化，無論是政治、經濟、還是文化，都有了較為顯著的發展。在此期間，出現了簡單的醫學分科，已經開始採用望、聞、問、切的四診法進行診療。同時，砭石、湯藥、針刺等診療手段開始應用於臨床治療。

西漢和東漢時期，中醫理論開始注重人體內部構造，並用陰陽五行來解釋人體內部的生理結構。這一時期，有位神醫叫張仲景，已經認識到了以陰陽、表裡、虛實、寒熱為基礎的"八綱"，並根據"八綱"總結出了八法。同一時期的華佗，擅長外科手術，併發明瞭麻沸散，是將麻醉運用於醫學的鼻祖。

唐朝時期，醫德高尚的"藥王"孫思邈，一生致力於為人們解除病痛，研究各種中藥，並將一生的研究著書，流傳於後世。據傳，孫思邈共留下 5000 餘藥方，對後世的醫學發展影響巨大。盛唐之後，大量的中醫學理論成果和著作流傳到海外，如今天的日本、朝鮮、韓國以及中亞等地區。日本的漢方醫學、越南的東醫學、朝鮮的高麗醫學以及韓國的韓醫學，都是以中醫學為基礎發展起來的。

兩宋時期，朝廷專門設立了翰林醫官院，十分重視醫學的研究和發展。當時的中醫學理論細化分科基本完備，並在這一時期出版了《銅人腧穴針灸圖經》。《銅人腧穴針灸圖經》是一本專門的穴位醫書，以免民間因為亂傳亂抄，導致經穴不明確，造成穴位紊亂。金元時期，中醫開始走下坡路。

明朝時期，出現了新的派別——溫病派，經方派逐漸沒落。明朝時期最著名的"藥聖"李時珍著書《本草綱目》，所載藥物共 1758 種，後被翻譯成俄、日、德、法等國文字。

清朝末年，中國受西方列強的侵略，現代西方思想的不斷衝擊使已經十分落後的大清帝國搖搖欲墜。中醫學在這時也被懷疑，被審視。許多人一度認為，應該接受現代醫學思想。中醫學開始在留存與廢除之間搖擺不定。

新中國成立之後，政府十分重視中醫的繼承和發揚，此外，醫學文獻被重新研究、歸類、整理和刊印，以更好地為研究中醫提供有價值的參考。1996 年，中醫理論聯繫中國哲學思想，學界重新解說和定義了中醫學的本質。2003 年，在 "非典"的陰影籠罩下，中醫復蘇跡象突顯。

中醫波瀾壯闊的發展史，非一言半語可概括。中醫發展至今，仍存在諸多爭議。但中華上下五千年的文明歷程，我們的祖先曾依賴中醫與疾病進行了頑強的對抗，其理論的科學性正在逐步被現代科學理論所證明和闡釋。發揚傳統、吐故納新，是當代中醫發展的新方向。

目　　錄

第一編　　源遠流長的中醫... 1

　一、最初的衛生安全意識.. 2

　二、中醫的起源.. 4

　三、巫醫時代... 9

　四、古代發展變化.. 13

　五、近現代發展進程... 33

第二編　　流芳百世的醫學名家.. 41

　一、開山鼻祖——扁鵲... 42

　二、醫聖——張仲景... 46

　三、外科鼻祖——華佗... 50

　四、醫學道士——葛洪... 55

　五、藥王——孫思邈... 60

　六、兒科之聖——錢乙... 66

　七、法醫之祖——宋慈... 72

　八、養陰學派創始人——朱丹溪... 76

　九、醫藥大家——李時珍.. 80

　十、溫醫名家——葉天士.. 84

第三編　影響深遠的中醫典籍……… 89

一、最早的中醫典籍——《黃帝內經》… ……………… 90
二、第一部藥物學專著——《神農本草經》… ………… 95
三、臨床診療專書——《傷寒雜病論》… ……………… 98
四、才子之書——《養生論》… ………………………… 102
五、針灸學專著——《針灸甲乙經》… ………………… 105
六、中醫內科專著——《諸病源候論》…… …………… 108
七、第一部藥典——《新修本草》… …………………… 111
八、綜合性論著——《千金要方》… …………………… 115
九、醫家人物傳——《李濂醫史》… …………………… 118

第四編　璀璨奪目的中醫成就……… 121

一、診脈… ………………………………………………… 122
二、麻醉秘方… …………………………………………… 126
三、方劑學… ……………………………………………… 129
四、外科… ………………………………………………… 133
五、針灸術… ……………………………………………… 139
六、人痘接種術… ………………………………………… 145
七、中藥注射劑… ………………………………………… 149

第五編　登上世界舞臺的中醫……… 151

一、璀璨的中醫文化… …………………………………… 152
二、中醫文化的深刻內涵… ……………………………… 155
三、對世界醫藥學的貢獻… ……………………………… 157
四、在世界各地生根發芽… ……………………………… 159

第一編　源遠流長的中醫

　　人類從開始面對生老病死起，便有了與疾病的鬥爭。文明不斷發展，醫學也在不斷進步。充滿智慧的中華兒女，在不斷的探索和進步當中，創造了許許多多的醫學奇跡。這些醫學奇跡在中國的醫學史，乃至世界的醫學史上，都成了不朽的傳奇。

一、最初的衛生安全意識

原始社會時期，人類為了生存，要和惡劣的環境做各種各樣的鬥爭，不斷地改善生存品質。當然，人體畢竟脆弱，吃毒性不辨的野果野菜，遭受風吹雨淋，在打獵過程中被野獸追逐，疾病和受傷情況的發生是必然的。這時，病理的意識便在人類的腦海裡逐步形成了。如何能夠生存得更好，開始成為原始人類思考的問題。

於是，火的使用，帶來了溫暖和熟食；建造房屋，改善了人類的居住條件。這一切其實都是在避免疾病。

1. 衛生意識：火的使用

《韓非子·五蠹》中記載道：上古時期，人們食用瓜果和蚌蛤，由於生食，味道往往腥臊或略有臭味。這樣的食物會傷害腸胃，使人得病。後來有一人，鑽燧取火，把食物放在火上燒熟之後再食用，發現腥臊臭味消除了。這一發現令人們大為喜悅，將那鑽燧取火之人奉為王，尊稱"燧人氏"。這一段記載描述了人們最初取火拼開始將食物用火烤熟再食用的情景。如此一來，大大減少了

火的起源

疾病的發生，尤其是生食食物所造成的腸胃疾病。

而隨著火的使用，人們又驚奇地發現，當身體某處疼痛的時候，靠近火源，有時會減輕疼痛。於是，人們又發現了火的另一用處——治療疾病。

就這樣，在人類最初的病理意識形成過程中，火在某種程度上成為治療疾病的一種工具，並且這一理念被發揚光大，火被越來越廣泛地應用在疾病治療當中，如拔火罐、用火熬煮湯藥、用火消毒等。

2. 安全意識：房屋的建造

人類在經歷了相當長一段時間沒有避居場所之後，開始琢磨建造房屋。而之前，人類將洞穴作為棲身之所。可洞穴自身有許多的缺陷，如各種害蟲和蛇等出沒在陰暗的洞穴中，威脅人類安全；當洪水來臨時，處於地下的洞穴就會被淹沒；而在冬季，敞開的洞口令人難以禦寒。

當人類走出洞穴，開始學著建造房屋的時候，表面上是為躲避害蟲，抵禦寒冷，實則是為了健康，少生疾病。

人類充分發揮聰明才智，逐步改善房屋的建築樣式及防潮、保暖、防野獸攻擊等功能，從而預防了因寒冷和潮濕而引起的疾病，也降低了被野獸攻擊而受傷的概率。

人類最初的病理意識形態是樸素的，基本都只是想要減少傷痛，使身體舒服一些，進而做出努力。

二、中醫的起源

古有三皇五帝之說，《古微書》中記載三皇即指伏羲、神農（即炎帝）、黃帝。三皇在遠古文明當中佔據著重要的歷史地位，是開啟中華文明的先驅者。而中醫的起源便可追溯到三皇時期。

1. 伏羲制九針

魏晉時期的皇甫謐在《帝王世紀》中記載伏羲"味百藥而制九針"。宋代的羅泌在《路史》中也有伏羲制砭的說法。這裡所指的砭石即治病時用的針刺。

伏羲，又名宓羲，《史記》中稱其為"伏犧"，所處時代約為舊石器時代中晚期，是中華民族的人文始祖。傳說伏羲是龍蛇的化身，具有人首蛇身的形象，且聰慧過人。伏羲的故事也是充滿了神話色彩，傳說伏羲與女媧結婚，肩負繁衍後代的責任。

伏羲在中醫方面的貢獻便是制九針，從此開啟了針灸療法的先河。也有研究稱，九針並非伏羲所制，而是伏羲製作出了九針最初的雛形，經過後世的不斷完善和發

伏羲

展,才逐步演變為人們在針灸治療中所使用的九針,即指九種不同粗細和長短的針刺。

《黃帝內經》中記載了九種針具分別為:鑱針、員針、鍉針、鋒針、鈹針、員利針、毫針、長針和大針。靈樞·官針》中則強調"九針之宜,各有所為;長短大小,各有所施也,不得其用,病弗能移。"就是說,九針的型號和大小各有所不同,用途也有所差異,根據病情有針對性地選用,方可移除疾病。

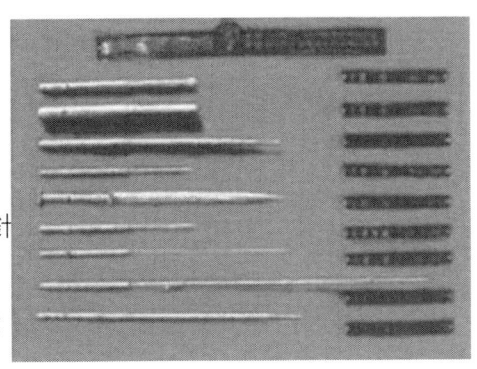

九針

伏羲在醫學上的貢獻除制九針之外,還根據天上的天象變化,地上的高山大川、飛禽走獸與環境之間的潛在關係,探索人與自然和諧相處的規律,繪製出了八卦圖。八卦圖是易學的開端和基礎。八卦中的陰陽理論邏輯成為中醫學重要的理論基礎。後世在研究中醫學時仍然將陰陽理論作為闡述生理和病理的框架和核心。

2. 神農嘗百草

神農,又稱"炎帝",是姜水流域薑姓部落的首領。傳說,神農是太陽神,牛首人身,很小就已經會種植莊稼。後來,神農又發明了一些農具,並教授民眾開墾土地,播種五穀和飼養牲畜,形成了我國最原始的農業,被後世尊稱為"農業之神"。

神農在醫學上的貢獻也十分巨大,是醫藥的始祖。《淮南子》中記載"神農嘗百草之滋味,一日而遇七十毒。"這種甘於奉獻的醫學精神至今被人們傳頌。

古時,食物有限,人們經常採集一些野草和野果來吃,但是有很多野草和野果都是有毒的。人們吃後,要麼腹痛難忍數日,要麼直接被毒死。傳說神農有一個"水晶肚",幾近透明,能夠看到裡面的內臟,對吃進肚子裡的食物,自然也是一目了然。神農對人們經常誤食有毒的東西很是困擾,決定親自嘗試百草的滋味,來辨別哪些草果是能吃的,哪些草果是不能吃的,然後

神農

再告訴百姓。這樣，就可使人們免受誤食草果而中毒的痛苦了。

神農冒著生命危險，在遍嘗草果的過程當中，曾經一天之內被毒七十多次，痛苦不堪。神農根據嘗到的草藥，辨別草藥所具有的性質，再針對疾病加以分類，發現了許多能夠治病的草藥。比如大黃能夠治療便秘，甘草可以止咳，等等。神農還根據草藥的味道和性質總結出：苦的屬涼，辣的屬熱，甜的屬補，酸的開胃。

然而，神農卻吃到了斷腸草，在很短的時間裡，肚子便疼痛難忍，腸子斷裂，終因斷腸草毒性太大，死去了。神農給人們留下了 300 餘種草藥，曠世巨作《神農本草經》就是依託"神農嘗百草"著書而成的。書中針對 365 種草藥的藥名、別名、性質、形態、生長環境以及主治病症等做了詳盡的描述，為後世藥物的研究奠定了基礎。

至今，在神農嘗百草所留下足跡的地區，人們建有炎帝（即神農）紀念館和炎帝巨銅像，用來紀念神農。

3. 軒轅黃帝與《黃帝內經》

軒轅，其父少典，其母附寶，居軒轅之丘，故稱"軒轅氏"，是中國遠古時期部落聯盟首領，被尊稱為"黃帝"。黃帝和炎帝並稱為中華文明的始祖。

黃帝軒轅的一生有諸多的身份，每一個身份所建立的功績都不可忽視。他是一位軍事家，平定了蚩尤的作亂；他還是一位元發明家，發明了指南車、算數、音律、文字，還有許多生活器具和樂器。而軒轅黃帝對醫學的影響，就是和岐伯、伯高等人一同研討病理，而後人則托黃帝之名著書《黃帝內經》。

《黃帝內經》分為《靈樞》和《素問》兩個部分，書中有的篇章引用了

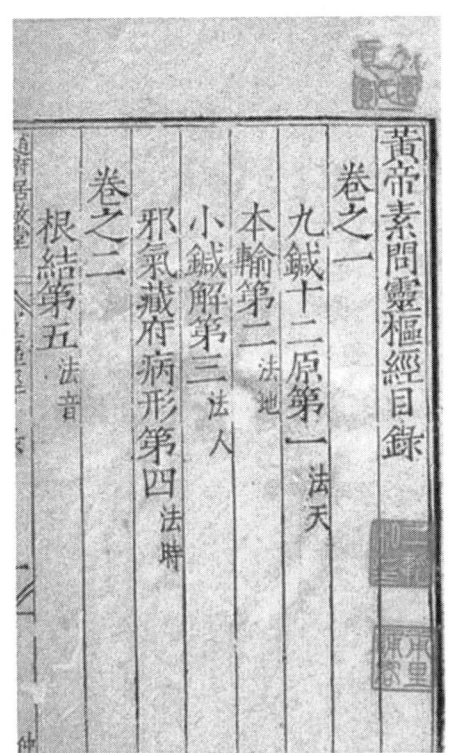

軒轅黃帝像和《黃帝內經》

軒轅黃帝、岐伯、雷公之間的問答對話，用對答的形式闡述病理病因，對治療疾病的形式進行探討。據傳岐伯和雷公都是黃帝的大臣，岐伯又是向黃帝傳習醫藥知識的師長。同時，《黃帝內經》中所主張的醫學觀點是不治已病，治療未病，注重養生保健和延年益壽，這也是軒轅派道家醫學思想所繼承的觀點。

《黃帝內經》是我國現存的最早的一部醫學典籍，其中的陰陽五行學說、脈相學說和經絡學說等，為後世醫者潛心研究醫學理論奠定了一定的基礎，許多醫學理論沿用至今，在今日的醫學界仍然有重要的研究價值和深遠的意義。

由此可見，中華民族從遠古時代開始，即認識到人類要與疾病做抗爭，並在不斷的實踐當中逐漸發現了一些診治途徑和一些具有治病效果的草藥。從人類文明被載入史冊開始，中醫便在文明當中萌芽，並逐步成長和發展。

後人認為，無論是伏羲制九針、神農嘗百草，還是軒轅黃帝與《黃帝內經》，都不可能是一人或幾人所為，應該是幾代人共同努力的結果。但是，無論如何，從三皇時期開始，中華文明不斷發展，人們對疾病和醫藥的認識也隨著文明的發展不斷進步，並根據實際生活經驗，發現了越來越多原始而普遍適用的治療疾病的方法。比如，古代人看到小鹿受傷後，將一種草藥用牙齒咀嚼後敷在傷口上，以減緩傷情，於是開始留意這種草藥，這就是後來我們中草藥中用於止血和強筋骨的鹿銜草。

　　無論如何，我們的祖先是智慧而果敢的，不斷地在大自然中磨煉生存能力。而中醫的萌芽，也給我們祖先的生存帶來了巨大幫助。

三、巫醫時代

《廣雅·釋詁》中說：醫，覡，巫也。"這種說法，在當時是被人們所普遍接受的，也就是說，醫和巫是一家。

夏、商、西周時期，基本上是巫醫並存，而且巫的地位甚至還略高於醫。在我國有關占卜的史料中，大量記載了關於醫學方面的理論和知識。所以，中醫從萌芽到發展的過程，其實也是科學與迷信做鬥爭的過程。

1. 巫醫的並存

想必大家都熟悉"跳大神"這個詞吧。一說到跳大神，大家腦海中可能會自動出現一群塗著花臉的人跳著奇怪舞蹈的場景。其實，跳大神有個文雅的名字，叫薩滿舞。薩滿舞是巫師在祈神、祭禮、驅邪、治病、占卜等活動中所表演的舞蹈，是一種關於圖騰崇拜、萬物有靈的原始舞蹈。這種薩滿舞可以追溯到遠古巫醫並存的時代。如今，少數地區依然可見這種具有特色的薩滿舞。當然，今天的巫醫早已不是一家。

在古代，大多數人相信，我們所存在的整個世界是由神和魔主導的，而身體內的疾病也是因為受到了魔的侵襲，所以當然也要借助神來驅除身體裡的病魔。

在遠古時代的人看來，神和魔都是無法抗衡的，人們在崇拜神魔的同時，也懼憚神魔。於是，在古代的神話故事當中，人們總是把那些神奇的、美好的，人類所不能為之的事冠之以神的作用。同樣，也把那些邪惡的，帶有破

薩滿舞

壞力的事，如身體中難以克服的疾病等，想像成是妖魔鬼怪在作祟。

　　據《山海經》中有關巫醫的記載，共有十名著名的巫醫，號稱"十巫"，分別是：巫咸、巫盼、巫即、巫彭、巫姑、巫真、巫禮、巫抵、巫謝、巫羅。書中曾有記載，這十巫"皆操不死之藥"。也就是說，遠古時代，巫醫本是同源。如伏羲時代，伏羲本身就熱愛占卜，繪製八卦圖，而神農和軒轅的醫學發明和創造過程也皆有一定的神話色彩。這在中國醫學萌芽時期乃至全世界的醫學萌芽時期裡，都是十分常見的。

　　同時，古代巫的社會地位極高，巫師這項職業也是一項極其體面的工作。在《黃帝內經·素問》中，黃帝與岐伯以一問一答的形式討論時，岐伯便被稱作"天師"。天師這一稱呼便說明了岐伯的身份是巫師或巫醫。

　　《史記·龜策列傳》中指出：自古聖王將建國受命，興動事業，何嘗不寶蔔筮以助善！"帝王如此，何況諸侯？何況百姓？由此可見巫師的權力非同一般。巫術更是統治者鞏固統治地位的一種手段。據考證，許多帝王和領袖，本身就是巫，比如治水的大禹，商朝的開國者湯，他們本身就是政治領袖，兼具巫的身份。因此，巫是權力的象徵，具有重要的政治地位。

2. 巫與醫的分離

殷商至春秋戰國時期，巫醫是一個十分重要的社會群體。無論是平民百姓，還是帝王諸侯，生病之後都會尋求巫醫的說明。當時的巫醫普遍擁有或多或少的醫學衛生知識，並且在為患者診斷疾病的過程當中，巫術和醫術並用，主要採用祭祀、祈禱等方法，對不同的疾病施以不同的法術和藥物進行治療。

到了春秋末期，隨著生產力的發展，自然科學不斷進步，人們已經逐漸在社會活動和醫療實踐當中總結出了一些疾病的誘因和治療方法，同時也逐漸破除了神鬼的侵害造成了身體疾病的想法。以藥物為主的治療方式逐漸取代了以祭祀和祈禱等為主的治療手段。這一時期，在職業的劃分上，醫生逐漸從巫師中分離出來，成為專門的職業。

這時，秦國名醫醫和提出了我國最早的病因學說——"六氣致病"的學說。醫和的觀點是，"天有六氣，降生五味，發為五色，征為五聲，淫生六疾。六氣曰：陰、陽、風、雨、晦、明也。分為四時，序為五節，過則為災。陰淫寒疾，陽淫熱疾，風淫末疾，雨淫腹疾，晦淫惑疾，明淫心疾"。這裡面，醫和把四時、五節、六氣的變化作為疾病的重要誘因，具有樸素的唯物主義觀點。這種以唯物辯證法來積極判斷病因的思想，不僅打破了傳統的神魔致病的思想觀念，更為後世的病因研究做出了巨大貢獻。《黃帝內經》當中的"六淫"（風、寒、暑、濕、燥、火）致病則由此演變而來。

在《史記·扁鵲倉公列傳》中記載，名醫扁鵲治病有六不治原則。"驕恣不論於理，一不治也；輕身重財，二不治也；衣食不能適，三不治也；陰陽並，藏氣不定，四不治也；形羸不能服藥，五不治也；信巫不信醫，六不治也。"其中，最後一條的"信巫不信醫"即扁鵲認為，如果病患相信巫言巫術卻不相信醫道，是很難被治癒的。因為相信巫術，必然不相信醫術，也就不會配合醫生的治療，疾病當然不易袪除。

扁鵲的這一原則，在當時有一定的反響。反對迷信、相信科學開始成為醫者的理念，同時也影響著患者。想要醫治好疾病，只能相信醫術，配合醫生治療，而不是相信巫術的思想逐漸被患者所接受。

此後，基本上巫和醫分離開來，各行其道。但是，在一些比較偏遠和落後的地區，因文明相對不發達，巫師依舊大行其道，用各種祭祀、祝禱的方式驅魔治病的現象仍然存在。哪怕是在今天，相信迷信，耽誤了疾病的治療的情況，仍然是有的。但是，無論何時，醫道只有完全掙脫了迷信思想，在科學的基礎之上發展和弘揚，才能夠達到治病救人的終極目的。

隨著醫學的不斷進步和發展，醫逐步脫離了巫的牽制，醫生開始在社會活動中扮演治病救人的不可或缺的角色。至春秋戰國時期，中醫裡已經出現了解剖和醫學分科，已採用"四診法"，治療的方法有砭石、針刺、導引、湯藥等。

四、古代發展變化

1. 秦漢時期

強大的秦統一了六國之後,進一步統一了文字、貨幣、度量衡等。秦漢時期,隨著農業和手工業的發展,貿易往來逐漸頻繁,經濟也得到飛速發展。在這種時代背景之下,秦漢的醫學也有著這個時代所固有的發展方向和特點。

藥物方劑學的初步建立與成形。至東漢,前人已經留下許多有參考和實用價值的藥物學術經驗,在此基礎之上,《神農本草經》的問世,成為藥物方劑學上一個質的飛躍。而《傷寒雜病論》中所記載的方劑及方劑學理論,對後世的藥物方劑學發展也有巨大意義,被稱為"眾方之祖"。在這一時期,藥物方劑學基本形成體系。

辨證論治的思想。辨證論治,也稱"辨證施治"。辨證即認識疾病的病灶部位、病變的原因、病變的性質及邪正關係;施治則是根據認識的結果確定治療手段和方法。這一思想是在先秦時期出現的。秦漢時期,隨著醫療的發展及無數醫者的努力,這一思想被逐步認同並遵照。張仲景在《傷寒雜病論》中建立了辨證論治的基本規範,即以六經論傷寒,以臟腑辨雜病。

醫事制度的建立。秦始皇時期,每逢秦始皇上朝,總有太醫伴其左右,以備需要。而太醫主要擔負兩方面的職責,一方面是為中央官員診療疾病,另一方面則是掌管地方郡縣的醫療事宜。

秦朝國家機構當中少府為九卿之一,少府之下又設六丞。《通典·職官七》中記載:秦有太醫令丞,亦主醫藥,屬少府。"至兩漢時期,太醫令丞為醫中高官,隸屬關係分為太常系統和少府系統。地方的官吏家中,也配有醫者和醫藥設施。如西漢高永侯家的管家杜信,在兩年的時間內跟隨淳於意學習《脈經》等醫書。

頻繁的煉丹活動。煉丹這一說起源於先秦。秦漢時期,帝王十分相信神仙和方士,秦始皇和漢武帝尤是如此。秦始皇曾派人去東海求仙,想盡辦法求取不死仙藥。漢武帝則是一生都致力於求仙秘方當中,重用方士,更不惜將女兒嫁與方士,只為求長生之藥。

因為帝王的喜好,煉丹在醫藥活動中逐漸頻繁起來。《神農本草經》中記載,煉丹的主要原材料是石膽、消石、鉛丹等提煉物,《周易參同契》也有相關記載。煉丹中不乏加入鉛、汞和硫黃等,由此方法煉丹所得之物多為重金屬,長期口服這種丹藥,只能得到中毒的後果。這種煉丹活動在醫藥的發展過程當中卻並不是百無一用。有史料記載,其中一部分丹藥對外瘡和屍體防腐都有一定功效,而煉丹的過程和步驟對藥物化學的發展也起到一定的推動作用。

醫藥文獻的研究整理。秦朝時期,國家組織對書進行分類整理,包括醫書在內。而秦始皇下令焚書時,命令醫藥書籍不在焚燒之列,這使得秦朝及秦朝之前的醫藥文獻得以存留下來。西漢和東漢時期,對各種書籍的整理在一定程度上都促進和幫助了醫學書籍的整理。如《戰國策》《呂氏春秋》等雖不是醫學書籍,但其中的內容卻反映出當時人文背景之下的醫學發展狀況。

2. 魏晉南北朝時期

魏晉南北朝時期,出現了以老莊思想為主調的玄學思潮,並成為當時的主流。這種思想即為《老子》中的"玄之又玄,眾妙之門"。這個時期崇尚自然本源,崇尚精神生活,並雜糅了佛、道、儒的思想,對中醫的影響也是立竿見影的。

養生時代的到來。這一時期,尊崇玄學的有很多著名人物,如王弼、嵇康、阮籍等。而他們對於玄學的研究,在一定程度上推進了醫學當中養生論的進步與發展,養生論在這一時期得到系統地完善,逐步形成養生文化,並存留下來大量的養生著作。如嵇康的《養生論》,陶弘景的《養性延命錄》,張湛的《養生要集》等。

在養生思想當中，大師們主張與自然統一，遵循自然規律，提倡養神，以精神之樂為重，同時輔以丹藥。

葛洪的思想觀點是，以藥物養身，以術數延命，使內疾不生，外患不入。於是葛洪為養生和延長壽命，致力於煉丹。起始於秦朝的煉丹活動，到了魏晉南北朝，最為興盛。

煉製長生不老之丹藥的活動，雖在養生論當中存在一定誤區，但這一時期提起的養生之道，也有一定的價值。如嵇康在《養生論》中所提倡的觀點：用合理的飲食來調養身體，使人的精神和身體都健健康康的。這一思想在今天也同樣被普遍接受。

陶弘景

醫學思想得到進步和發展。魏晉南北朝時期，文化的發展呈現出多姿多彩之勢，並且出現了勇於打破常規，勇於突破創新的新局面。而中醫學的發展在這一時期也受此影響，努力打破舊的思想禁錮，得到進步和發展。

在臨床外科方面，據呂思勉在《兩晉南北朝史》中記載，晉代時期唇裂修補術已經達到了很高的水準，而在華佗發明麻沸散進行外科手術的基礎之上，晉代的外科醫生已經可以剖開皮肉鋸斷骨頭進行截肢手術了。此外，葛洪發明了骨折時用夾板固定骨折部位的方法，用來輔助治療骨折。

耳鼻喉方面，葛洪在《肘後備急方》中詳盡地記載了耳道、食道、氣管部位出現異物時的治療方法，這說明當時人們對耳鼻喉方面已經開始了單獨的分科研究，對耳鼻喉方面的疾病已經有了深入的瞭解。

醫學分科基本完備。《隋書·經籍志》記載，南朝時期，醫學中的分科已基本完備，基本上分為小兒科、婦女科、瘧科、產科、耳眼科、軟腳病、瘍病、印度醫方等。

與道家和佛家思想融合的醫學。魏晉南北朝時期，道教復蘇，佛教發展，道教和佛教在當時的社會十分盛行。而醫學的發展也受到道家思想和佛教思想的影響。道家醫派代表有葛洪、陶弘景等，道教的修煉方法之一就是煉丹，所以葛洪和陶弘景也是當時的煉丹大師。葛洪曾提出"瘀血"這個概念，後一直被用，孫思邈在《千金方》中也有提到。而陶弘景在煉丹的過程中，有許多藥物方面的發現，對藥物學的貢獻很大。佛教對醫學的發展有積極的推動作用，如僧徒功課 "五明"之一即為醫學，因為佛家思想講究解救眾生痛苦，所以許多僧侶一邊修行一邊學習醫術，並撰寫醫書。如北魏僧人釋縣蠻撰寫醫書《服氣法》調氣方》療百病雜丸方》，梁代的釋慧義撰寫的《寒食解雜論》，等等。這種與佛教雜糅的方書在魏晉南北朝時期還有許多。

魏晉南北朝時期的中醫學，雖然在醫學實踐上有很多突破，但方書眾多卻缺乏理論，而整個時期內的醫者大多注重醫學實踐，卻不注重醫學理論。這使得魏晉南北朝時期成為中醫學史上一個經驗醫學韻味濃厚的時期。接下來的中醫發展過程，也必定是努力從經驗醫學的桎梏中走出的過程。

3. 隋唐五代

581 年，楊堅從北周奪取政權，建立隋朝，589 年滅陳，統一全國。隋的統一，在很大程度上順應了民心，政治、經濟、文化方面都隨著隋文帝建立的一些制度而得到發展。但隋朝僅僅在歷史上存在了 38 年，隋朝末期，隋煬帝橫徵暴斂，百姓不堪徭役繁重。618 年，李淵攻入長安，廢除恭帝，建國號唐。

唐朝在唐太宗的治理之下，顯現出一片盛世景象。這一時期，經濟繁榮，對外貿易發達。絲綢之路聯通著世界上其他遙遠的地區，如中亞、西亞、北非等，我國由此進入封建社會的鼎盛時期。中醫在這一時期也得到飛速發展。

醫療教育機構的建立與完善。624 年，唐朝太醫署建立，這是世界上最早的醫療教育機構，早於義大利克隆勒諾醫學校兩百年。《唐六典》中記載，太醫署正規而嚴格，分科細化，有專業的考試和升留級制度。如耳目口齒科修業期為四年，少小科修業期為五年，體療科修業期為七年等。在專業課的設置安排上科學嚴謹，學生入學之後，首先需統一學習共同基礎課。當時的共同基礎課內容為《黃帝內經》《神農本草經》《針灸甲乙經》等。這些共同基礎課考核全部達標之後，再分科學習專業課程。由此可見，唐朝的醫療教育系統在當時已經十分完備。

唐朝的醫學教育機構，在接納本土學生的同時，還接收國外的留學生，醫學的整體水準有了極大的提高。所以，唐代在整個中醫教育發展史上是一個十分重要的時期。

醫書的編撰。隋大業年間（605年—616年），隋太醫博士巢元方奉詔編撰 《諸病源候論》，於隋大業六年（610年）完成。 此書對於1739種症候的疾病成因、病理病機和病變做了詳盡的闡述，分類之清晰，詳盡程度之高，前所未有。其中，還不乏許多我國古代珍貴的醫學史料，所以醫家對這本書的推崇程度可想而知。《諸病源候論》是我國第一部由朝廷組織、集體編撰的醫學論著，也是我國第一部病因症候學專著，對後世醫學發展貢獻巨大，對外國醫學也產生了一定影響。

在唐朝政府的組織和主持之下，本著"普頒天下，營求藥物"的思想，由蘇敬等人編著而成《新修本草》（又稱《唐本草》），於659年完成並頒佈。這是中國最早的一部藥典，也是世界上最早的一部由國家頒佈的藥典。另外，繼隋代編撰的《四海類聚方》之後，到了唐代，在此基礎上又編有《廣濟方》和《廣利方》，頒行於天下。醫書的撰寫和頒佈，使得醫藥知識得到廣泛傳播和普及，對醫學發展起到了推動作用。

唐朝著名的醫學家孫思邈，編撰的《千金要方》和《千金翼方》等，在食療和養生方面，貢獻極大。後人對這兩部醫書的評價極高，被譽為我國古代的"醫學百科全書"，並起到"上

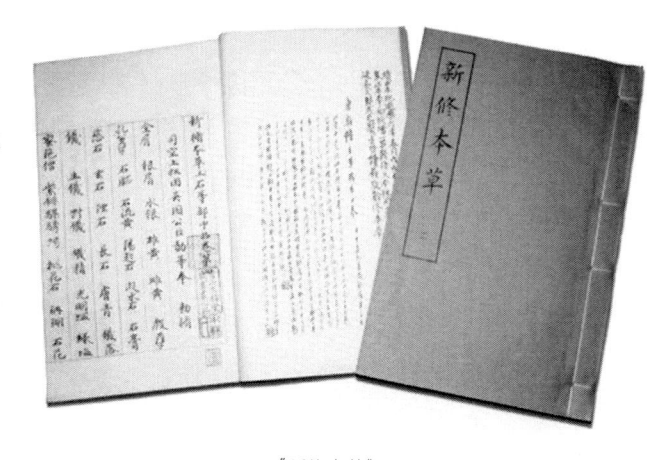

《新修本草》

承漢魏，下接宋元"的作用。《千金要方》還在日本出版，可見其影響之大。

此外，隋唐年間還有許多意義非凡的醫學著作，如醫學家楊上善編撰的《黃帝內經太素》，在《新修本草》的基礎之上查漏補缺的《本草拾遺》，收錄了許多營養學和食療知識的《食療本草》等。

4. 宋朝時期

中醫發展至兩宋時期，基礎醫學、臨床各科、衛生保健和醫書著作的編撰，又在隋唐時期的基礎之上更上一層臺階。據史料記載，宋朝時期的統治者對醫學的重視程度之高，前所未有。因此，在統治者的影響之下，許多學者都致力於研究醫學，注重醫學典籍的編撰和整理，使得中醫得到進步和發展。尤其是對醫學理論的深入研究，使中醫達到了一個高度發展的階段。

醫政法令和醫事制度。隋唐時期的帝王十分重視醫事，而發展到宋朝時期，各位皇帝重視醫事的程度較隋唐有過之而無不及。據《宋史》和宋朝法典《宋刑統》記載，北宋一個朝代所頒佈的醫藥衛生條例已超200餘條。

宋朝時期的醫政法令大多沿承唐代，但在唐代醫政法令的基礎之上，還頒發了一些關於編撰和校正書籍、改革普及醫學教育、重用道士醫生和草澤醫生等的詔令。另外，《宋刑統》當中還對病因的用藥及對待方式做出規範和要求，而對懷孕的犯婦，為防止胎兒流產，嚴禁拷打等。

醫事制度在沿襲唐代的同時也做出相應改革。掌管醫政和醫療事業的主要是翰林醫官院，而負責醫學教育及管理醫學人才的機構則是太醫局。將醫政事業和醫學教育管理分開，由不同的部門各行其是，是宋代醫事制度的一大特點，也是相比前朝來說更為進步的地方。

宋朝時期的藥政發展迅速，並逐漸完備。朝廷當中，為管理藥物，專門設立尚藥局，負責禦藥合劑和診療疾病。另外，宮內設立為宦官管理的禦藥院及專門為皇帝所用的禦藥房。

宋朝時期，還建立起許多和醫藥相關的慈善機構，由政府設立，專門為窮困百姓、乞丐、新生被棄嬰幼兒、孤兒或鰥寡孤獨者治病，並給予相應的口糧。如宋崇寧年間（1102年—1106年）的安濟坊，專門收容窮苦無依靠的病患，幫助治療疾病，並施以湯藥。還有宋元豐年間（1078年—1085年）宋神宗下詔設置的漏澤園，專門掩埋死後無法安葬的人。宋淳祐九年（1249年），宋理宗下詔建慈幼局，專門收留無父無母的孤兒和被遺棄的新生兒，並有專門的乳母餵養，無兒無女的人也可以到慈幼局領養遺孤。諸如此類的慈善機構，在宋代還有病囚院、福田院、居養院等等。

宋朝時期的醫政法令和醫事制度，在許多方面都很有進步意義。但在部分情況下，它又是為服務於統治者而設立的。所以，許多醫政法令徒有其表，頒佈之後並沒有很好地實施或根本沒有實行。但無論如何，宋朝的醫政法令和醫事制度，對醫學發展的推動作用十分巨大。

臨床醫學的成就。宋朝時期是我國古代醫學高度發展的時期，這一時期最重要的標誌便是對醫學理論研究的深化，主要表現在內科雜病的學術研究方面。兩宋時期的內科致病成因，主要強調陰陽偏頗、氣機的升降以及生克等機制。宋代醫學家錢乙，在《黃帝內經》的基礎之上，總結出一套更有新意的理論，即以五臟虛實為綱領的辨證法。也就是說，五臟所主之症，也有虛實之分。如"肝藏血，血舍魂，肝氣虛則恐，實則怒"，所以"必審五臟之病形，以知其氣之虛實，謹而調之也"。

對傳染病的認識在宋朝時期有了進一步的提高。宋代醫家注重醫理研究，致力於傳染病的病因、病症、病機、症候和治療手段等研究，通過一系列手法全面探索傳染病的形成機制和診療方法。例如對冬瘟和瘟疫的研究，宋代醫者強調其傳染性和流行性的特點，表現出當時醫學上對傳染病的認識程度。

宋朝時期的婦產科成就尤為顯著，這和宋朝專門在太醫局當中設立產科和產科教授有很大關聯。產科教授專門培育婦產科的醫學者，這一時期也流傳下來許多婦產科方面的醫書，如《十產論》《產育保慶集》《女科百問》等，其中最為著名的為《婦人大全良方》，為宋代陳自明所編撰，是我國首部比

陳自明

較全面的綜合性婦產科著作。

宋朝時期針灸學的發展成果也十分顯著，被認為是我國針灸發展史上的一個具有里程碑式意義的時期。在這一時期，在中外影響都十分巨大的發明——針灸銅人和《銅人腧穴針灸圖經》的出現，使得針灸在人體的穴位上更為標準化和規範化，為後世研究針灸奠定了基礎。

宋朝時期，中醫對其他具體病症的認知水準有所提高，在治療方法上也表現出豐富性，達到了良好的治療效果。如水腫，在當時的醫書當中有許多記載，張銳的《雞峰普濟方》當中，對水腫的症狀有詳細的描寫，針對病症的治療藥方多達78劑。

隨著宋朝時期醫學教育的發展，醫者隊伍逐漸壯大，並且隨著醫學教育當中分科的細化，出現了許多專科醫生，如有專門在皮膚科上做診療和研究的醫者，也有專門從事外科醫療活動的醫者。但在醫療技術上，進步並不十分明顯。

印刷術的發展及醫書的普及。宋康定元年（1040年），畢昇將印刷術改進為活字印刷術，使得印刷術得到更為廣泛的應用。於是，醫書典籍在此之後，得以大量刊印。

宋朝時期，專門成立一個部門叫作"校正醫書局"，這個部門聚集眾多醫學專家和學者，對歷朝歷代流傳下來的重要醫書典籍進行整理、考證和校正。《黃帝內經·素問》《神農本草經》《針灸甲乙經》等重要醫書典籍在這一時期得到修訂校正後出版，流傳於後世。此外，《黃帝內經》和《傷寒雜病論》等醫籍的注釋也相繼得到出版，這些書的出版為後世醫學的發展奠定了基礎。

除整理和校正前人留下的醫書典籍之外，宋朝時期也有許多醫學著作誕生。如歷經14年編撰而成的大型醫書《太平聖惠方》，是宋太宗時期下詔翰林醫官院的太醫，將各自的家傳經驗及宋太宗本人繼位之前所搜集積累的經驗方，進行歸類和整理，最終編撰而成的醫書，其內容涉及內外科、骨傷、婦科、兒科、針灸、丹藥、食治等諸多方面。此書今已失傳。

在宋朝時期的醫書中，最為現代人所熟知的是宋慈編著的《洗冤集錄》，又名《宋提刑洗冤集錄》。《洗冤集錄》的主要內容是宋朝關於屍檢的法令、程式、方法和注意事項等，是一本系統地闡述屍體外表的檢驗方法的法醫學著作。這是中國現存第一部法醫學專著，也是世界上現存第一部法醫學專著，早於歐洲第一部系統的法醫學專著《醫生關係論》350餘年。

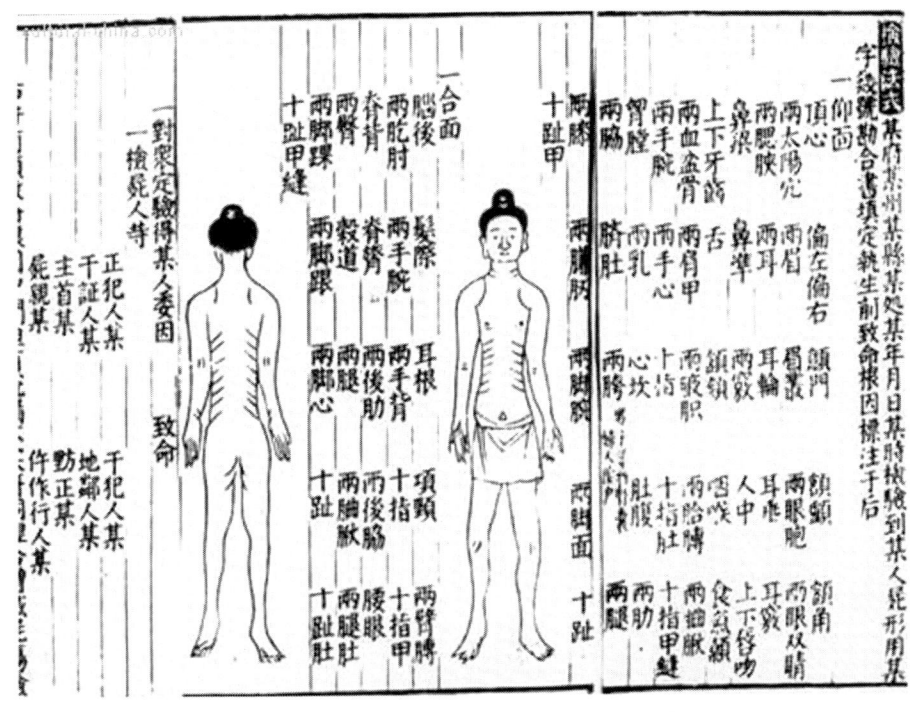

《洗冤集錄》繪圖

　　另外還有宋代唐慎微撰寫的《經史證類備急本草》，宋代錢乙撰寫的《小兒藥證直訣》，宋徽宗主持醫者編寫的《聖濟總錄》，以及《醫說》《歷代名醫蒙求》《婦人大全良方》《濟生方》等等。

　　起始於宋朝時期的官藥局。北宋神宗熙寧年間（1068年—1077年），國家面向社會營業的官藥局誕生了。宋熙寧年間，神宗推行王安石變法，推出國家開辦官營商業的政策，於是官藥局應運而生。

　　官藥局所產藥物質量好，價格合理，服務周全，為民所稱讚。官藥局也因此贏得眾多民

藥局

眾光顧，獲利十分豐厚。但久而久之，這種由官方壟斷的行為，在民眾中逐漸引發了負面情緒，因為他們認為官藥局藥價越來越高，有違"惠民"宗旨。所以在南宋初年，官方將全國藥局均改為"太平惠民局"。

官藥局前後只存在了500年，到了明朝萬曆年間，官藥局便消亡了。但它在我國藥學發展史上有著重要的里程碑意義。

宋朝時期是中醫學發展的一個重要時期，中醫學逐漸從經驗醫學當中走出，開始注重理論建設，並加大了醫學教育的投入。而這一時期隨著活字印刷術的運用、紙質載體的廣泛傳播，醫學類著作也相對繁多，這無疑使中醫的傳播速度和發展速度有了空前的提高，更為後世的醫學研究奠定了良好的基礎。

5. 遼夏金元時期

遼夏金元時期，中醫藥發展呈現出另外一種局面，具有更多的時代特點。醫藥和方劑學的發展腳步放緩，呈現出萎縮之態。但無論如何，中醫發展的腳步並沒有停滯，這一時期仍然湧現出許多的醫學發明，影響著後世中醫學。

臨床各科發展成就。遼夏金元時期，名家輩出，其中最為有名的當屬有著"金元四大家"之稱的劉完素、李杲、朱丹溪及張從正。該時期，發展勢頭最好的當屬內科雜病領域，可以說，遼夏金元時期是內科雜病治療史上百花齊放的時代。

劉完素（約1110年—1200年），河間人，金代著名醫學大家，是金元四大家之一。劉完素撰寫的《素問玄機原病式》和《宣明論方》中闡述了六氣過甚皆能化火的思想理論，創立

劉完素

了很多治療溫病的方法，製作出許多方劑，為後世研究溫病療法奠定了基礎。此外，他對咳嗽和消渴的治療方法也有一定見地，在臨床上很有實用價值。

張從正（約1156年—1228年），金代睢州考城人。他私淑劉完素的學術觀點，對於汗、吐、下三法的運用有獨到的見解，積累了豐富的經驗，擴充了三法的運用範圍，形成了以攻邪治病的獨特風格，為中醫學的病機理論和治療方法的完善做出了貢獻，又被稱為"攻下派"的代表。

李杲（1180年—1251年），金代真定人，創立了"脾胃學說"。他認

李杲

為脾胃在人體的部位當中屬於"中央土"，因此他特別注重和強調脾胃護養，主張"升陽益氣"和"甘溫除熱"。李杲的理論開創了中醫脾胃樞機學說，為後世溫補學派打下基礎。

朱丹溪（1281年—1358年），義烏人，元代醫學家。他在吸取前人經驗的基礎之上，得出"陽常有足，陰常不足"的觀點，創立了"相火論"學說，並以氣、血、痰、鬱為法辨證治療雜病，為雜病的治療做出了巨大貢獻，也被尊為金元四大家之一。

這一時期，較之前有明顯發展的是小兒科，劉完素、張從正、曾世榮、朱丹溪以及李杲皆有建樹。曾世榮還著有小兒科醫書《活幼心書》3卷和《活幼口議》20卷。他在書中闡述育兒的觀點，即為"四時欲得小兒安，常要一分饑與寒"。就是說，要想小兒健康，既不宜過飽，也不宜過暖。另一位小兒醫者滑壽發現，當時較為難治療的麻疹，小兒在患病之前，常常是"舌生白珠，累累如栗"，這一發現對早期麻疹病具有十分重要的臨床意義，為麻疹的早期鑒別做出了貢獻。此外，張從正則提出在麻疹病的初期，當以清熱解毒為主要治療方案，發疹期則以清熱透疹為主，並防止肺炎的併發。這一

時期，各研究理論大大豐富了小兒科方面的醫學內容。

在針灸科上，遼夏金元時期出現了許多專門以針灸治療疾病的針灸學家。而這時期的針灸特點也較為顯著，出現了子午流注、飛騰八法等以時間為點取穴的方法，大大提高了針灸的效率。這一時期也湧現出許多和針灸及穴位有關的醫書，如何若愚編著的《流注指微賦》和《流注指微針賦》，針灸學家竇默的《針經指南》，王國瑞撰寫的《扁鵲神應針灸玉龍經》，等等，為後世針灸知識的廣泛流傳做出了貢獻。

在婦產科方面，金元四大家和一些醫者各有建樹，如劉完素在論述帶下病的時候，提出濕熱致病的學說；朱丹溪認為產前應調理脾胃，安胎以脾胃清熱為主；李杲和朱丹溪關於治療婦女閉經和月經不調，都主張以四物湯為主。在婦科這一科別中，針對月經不調、帶下病、產前調治、妊娠反應等方面皆有不同程度的認知，並且相應地運用辨證施治的方法挖掘出許多確有臨床療效的方劑，這些寶貴經驗為後世婦科的發展奠定了基礎。

在外科方面，雖沒有較為突破的發展，但較之前的外科水準，技術上仍有所提高。如朱丹溪針對乳腺炎所提出的"揉"和"吮"，使之"通"，符合科學方法理論的要求。針對腫瘤的手術，如裸露在外的人體肉瘤，危亦林提出用一根線浸泡莞花根，然後系在腫瘤上，經過一段時間，腫瘤即可脫落。另外，危亦林提出，在手術過程當中，因為手術創傷和出血等情況，會致使病人出現休克的症狀，這時要"用鹽湯或鹽水與服立醒"。他還創立了在臨床外科手術當中，使用藥物壓迫法止血的理論，這些理論對外科手術意義非凡。

少數民族醫學　。遼夏金元時期，少數民族醫學有了一定的發展，也影響著中醫的發展。其中藏醫學隨著經濟的穩定發展，也有了長足的進步。這一時期，有一位著名的藏族翻譯家，叫作洛青·仁欽桑波，翻譯了大量印度醫學的著作，其中有著名的《八支集要》和注釋專著《月光》。由此，印度醫學當中重要的八支學派思想開始在藏區流傳，並與藏區醫學相融合。而藏區本土醫者也著有許多醫書，如《藥名海》《嬰兒疾病治療法》等，均為藏醫學專著。

塔里木盆地南緣有一位優秀的醫學家，他有個長長的名字，叫作艾拉·伊丁·穆罕默德·和田尼。這位元出色的醫者根據自身經驗和實踐，編撰了許多醫書，其中最為著名的是《醫學結晶》。另外，他本人還開設學堂，專門傳授醫學知識，為回鶻醫學做出了巨大貢獻。

傣族居於熱帶、亞熱帶地區，有豐富的醫藥資源，醫學經歷了漫長的發展。到元代，隨著傣文出現，醫學開始逐步由經驗向理論過渡發展。這一時期，有一專門記錄傣族醫學的專著，名為《嘎牙桑卡雅》。書中系統地闡述了人體生理結構以及人與自然之間的關係。另一部臨床醫學專著為《檔合雅龍》，論述了根據人體的膚色、血色的不同，運用相生相剋的理論合理用藥，它是傣族醫學當中較為經典的醫學典籍。

蒙古族的醫學表現在對生理衛生知識的普及上。蒙古族靠畜牧業生存，過著遊牧生活。人們為了減少疾病的發生，懂得了清潔的必要性，如飯前、擠奶之前要洗手等。另一方面，在與疾病做鬥爭的過程當中，蒙古族人民逐漸掌握了一些有實用價值的臨床醫學經驗。如在治療寒冷症時，蒙古族人將食草類反芻動物胃中的食物取出來，敷在患者的身上，用以驅寒，這種方法叫作"瑟必素法"。另一種方法則是人們用剛剛宰殺的動物的皮毛，趁熱敷在人的身上，用來治療寒冷症。另外，"蒙古灸法"當時也十分著名，是應用比較普遍的止痛方法。其方法是用小茴香拌油，然後加熱，再用毛氈包紮，用來為身體疼痛的部位止痛。

重要醫學著作。劉完素撰寫的《素問玄機原病式》一書，闡述了人體發病特點和規律，是金元時期的醫學新理論的重要開端。

張從正撰寫的《儒門事親》共15卷，前3卷為張從正親自撰寫，後面則是張從正口述，別人整理而得。這本醫書主要闡述的理論是邪實為病，而汗、吐、下三法可治療諸病，而且對三法做出具體的理論說明，如注意事項、方法要點、適用範圍以及禁忌證等，內容翔實。

李杲撰寫的《內外傷辨惑論》，是李杲生前定稿的唯一一部著作。整本書圍繞疲勞倦怠和飲食方面所引起的脾胃疾病的診斷和治療，也正是李杲所堅持和認為的醫

張從正

學思想理論，即脾胃為人體氣機升降的樞紐，脾胃的升降失常，是許多疾病的根源所在。李杲的思想得到許多醫者的肯定，對脾胃學說貢獻不小。其另有《脾胃論》《蘭室秘藏》《活法機要》等醫著。

忽思慧是元代營養學家，著有《飲膳正要》，是一本記錄元代宮廷飲食譜的重要著作，提出的養生思想、藥膳有很高的學術價值。書中將食物、養生、醫療三者結合，展現出了當時豐富的飲食文化，十分珍貴。

另外，這一時期還有許多名醫名著，如危亦林撰寫的《世醫得效方》，李仲南撰寫的《永類鈐方》，朱丹溪撰寫的《格致餘論》等等。這些醫學著作，不僅影響後世對醫學的研究，對我們瞭解古人的醫學思想也留下了珍貴的史料記載，意義重大。

6. 明代

注重典籍的整理，是明代醫學發展的一個重要特點。在醫者們的事業當中，典籍整理和醫史文獻研究時常被當作基礎性工作。醫者們通過對大量的典籍進行整理，來提高自身的醫學素養，強化醫學理論知識。明代的中醫學發展在典籍整理的過程當中，有如下突破：

醫學典籍整理及醫史文獻的研究。這一時期，醫者對前人留下來的精典醫學著作進行了整理，並在原有的基礎之上，加以研究。研究的醫學典籍主要包括《黃帝內經》《難經》及《傷寒雜病論》。醫者在不同程度上，對這些醫學典籍進行注釋。對於當時的人們來說，文字及語言的發展，令他們在閱讀古書時有一定困難。時人普遍認為"經文奧衍，研閱誠難"，所以對典籍進行注釋成了這一時期醫家們的普遍行為。

於是，僅《黃帝內經》的注本，就有 20 餘種出版。明代的傑出醫學家張景嶽，是"溫補派"的代表人物。他研究《黃帝內經》30 餘年，並在此基礎之上撰書《類經》。"類之者，以《靈樞》起《素問》之微，素問》發《靈樞》之秘。相為表裡，通其義也。"張景嶽根據這一理念，將《黃帝內經》進行了條理分明、內容詳盡的注釋，並發揮自己的見解，使得《類經》注釋通透，理論闡述獨特新穎，為後世普遍接受，成為人們研究《黃帝內經》的重要參考書。

而其編撰的《類經圖翼》和《類經附翼》更是錦上添花，為《類經》當中語義深奧、晦澀難懂的部分配以圖片，加以詳細描繪，意義重大。另外還有馬蒔注釋的《黃帝內經靈樞注證發微》，是現存的關於《靈樞》的最早的全注本，他的《難經正義》也是如此。另外還有滑壽原注、汪機續注的《讀素問鈔》，姚浚的《難經考誤》，以及盧之頤的偏於修訂注釋者之誤的《仲景傷寒論疏鈔鋙》，等等。

明代對醫史文獻的研究貢獻也頗為突出，在這一時期，留下了許多豐富的醫史資料。這些醫史文獻或專門著書而成，或散落在其他各種書籍當中。如明代編寫的《元史》，官方編撰的《永樂大典》，戴良的《丹溪翁傳》，等等，這些書籍中都記載著有關明代醫史的內容，並闡釋了當時的醫學特點。

殷仲春撰寫的《醫藏目錄》，分類采釋氏之名，分無上、正法、法流、法水結集、旁通、散聖、玄通、普醒、化生等共 21 項，其中無上部分收錄醫經，正法部分收錄傷寒著作，普醒收本草，化生收婦科書，等等。該書是我國現存最早的一部關於醫書專科的目錄，對後世研究醫史和醫學目錄學意義深遠。

明代官員李濂（1488 年－1566 年），祥符人，著有《醫史》。李濂"嘗收集曆代醫家事蹟，著有《醫史》十卷，其前五卷系錄自《左傳》《史記》以迄於金元

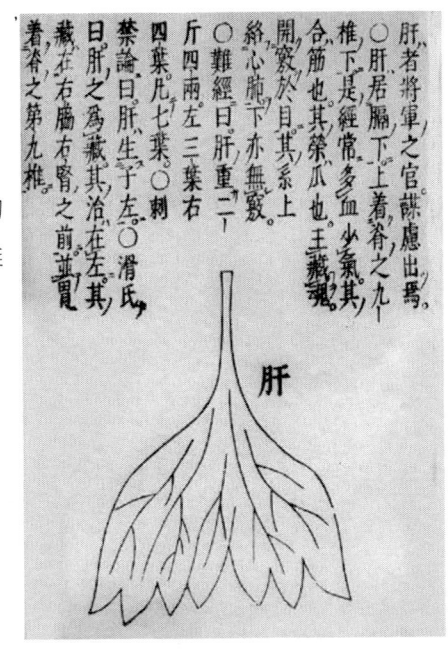

張景嶽《類經圖翼》

殷仲春《醫藏目錄》

之李杲，共收醫家五十五人之醫療事蹟"。《醫史》是我國最早的醫史人物專著。

另外，徐春甫的《古今醫統大全》，搜羅最為豐富全面；王肯堂的《證治準繩》，也是一本類書；名醫類案》是一部專門的醫案專輯；劉純的《醫經小學》，是一本對於醫學初學者來說的入門書籍；李中梓的《醫宗必讀》，也是一部醫學初學者的入門書，具有很大的實用價值。

明朝時期，造紙業和印刷業發展相對穩定，另外交通也較前朝便利許多，這為書籍的印刷和出版提供了可行條件。因此，明朝時期對醫書的典籍整理和醫史文獻的研究已經上升到一定高度，理論也較之前有所豐富和進步。

藥物學與方劑學的發展。明代是中醫史上藥物學發展的一個重要時期，藥物學及方劑學的發展速度明顯加快，出現了一批重要的草藥學巨著，如明萬曆時期的《本草綱目》，明天啟時期的《神農本草經疏》。

《本草綱目》作為時代巨著，是明代醫家李時珍（1518年—1593年）歷經數年，深入民間考察，實地實物進行對照後撰寫而成的。李時珍在《本草綱目》中，將藥物的分類進行了變革，從微至巨，從賤至貴，提綱詳細而清晰，一目了然。

《本草綱目》除所列藥物條目多而詳盡之外，還糾正了一些前人對草藥的錯誤認知，並把一些模棱兩可的藥物徹底解釋清楚。此外，《本草綱目》中開始有了對藥性理論的闡述，這和今天我們所進行的藥物學研究已經十分接近。李時珍《本草綱目》的貢獻，不僅僅在藥學上，它對醫學和植物學的發展，意義也十分重大。

另外一本明朝時期影響力巨大的藥學著作《神農本草經疏》，又名《本草經疏》，其作者繆希雍，研究草藥30餘年，最後著書而成。書中參考《神農本草經》《經史證類備急本草》《名醫別錄》，共收載藥物490種，並根據作者自己的研究充實了對藥物的描述，比如藥性、主治、配伍，同時總結了一些品種的藥物在臨床主治上容易出現的混淆之處，貢獻巨大。

《本草品匯精要》是一本官方組織修訂的本草著作，是在明弘治年間（1488年—1505年），明孝宗命太醫院院判劉文泰等編撰的。書中新增加藥品48種，但內容不夠翔實，有的只是羅列出藥品名稱，再無其他關於藥品的注解和描述。書中對藥物的記載從炮製、藥品鑒定、配伍和藥理等方面進行了分類歸納。可惜此書未得以刊印，所以沒有流傳下來，對藥物學的發展也未產生太大影響。但此書是我國古代最大的一部彩色草本圖譜，共收圖1300餘張，皆由畫工所描繪。

關於方劑類的醫書也層出不窮，其中《普濟方》不僅僅是明代最大的方書，也是我國現存的最大的一部方書。這部篇幅宏大的方書，幾乎收錄了明代以前的所有方劑內容。書中根據病症的不同分類，都羅列出方劑和治療方法，價值也遠不止方劑學的研究，對整個中醫學的發展意義非凡。

另有李中立的《本草原始》，本書著重用圖畫來突出本草的形態，為辨別藥材、鑒定中藥做出了貢獻；李中梓撰寫的《本草玄通》，特點是作者根據自身多年的臨床實踐經驗，對許多藥物有了新的認識，並糾正了前人在用藥當中的錯誤；王綸的《本草集要》，是一部實用性較強的本草醫書，每一味藥材都按照性能分門別類，一目了然，大大方便了醫生在臨床用藥時查證；陳嘉謨的《本草蒙筌》是一本特色較多的草藥類專著，在明朝的前中期影響較大，在藥品的分類、草藥的真偽辨別、藥物的質優與產地的關係，以及藥物的保存方法等方面，都做出了理論闡述；吳昆的《醫方考》，根據病症，參考前人醫書，共列方劑700餘種，條理清晰分明，為後世醫者所參考使用；張景岳的《景嶽全書》，把治病比作作戰策略，故有"八略"和"八陣"，選用古代名方，闡述治病之理論。

臨床醫學上的典型成就。明代中醫發展中，成就最為突出的就是內科雜病。前朝金元四大家與古人留下來的精華，使當時的醫壇出現許多不同的學派，呈現出百家爭鳴的局面。而中醫理論在這種百家爭鳴的狀態中發展迅速，內科雜病的診治方法和醫著較之前來說，所增數目之多，前所未有。

明代較為著名的學派有丹溪學派和溫補學派。丹溪學派以朱丹溪及其弟子為主。朱丹溪的思想"陽常有足，陰常不足"和"相火論"被其弟子接受並加以擴展，其弟子趙良仁著有的《金匱方衍義》，戴元禮協助其師整理的《金匱鉤玄》，以及其本人撰寫的《證治要訣》《證治要訣類方》等書，都是恪守朱丹溪的理論，進而闡述雜病的治療之方。

另一派別溫補學派，也有許多著名醫家，如薛己、趙獻可、張介賓、李中梓、孫一奎等，都是提倡和注重溫補脾胃之氣，以及補腎，固本滋源的。他們在一定程度上發展了臟腑學說，並闡明了人體內陰陽平衡協調的理論及其重要意義，對中醫臨床醫學產生了重要影響。

在雜病方面，咳嗽、消渴、中風等疾病在治療上都有所突破。另外關於內科雜病的專著也大量湧現，如薛己的《內科摘要》，虞摶的《醫學正傳》，孫一奎的《赤水玄珠》，秦景明的《症因脈治》，等等。

在外科方面，明代中醫的發展有了新的突破，對外科的認識水準也有所提高，尤其是在骨傷、刀箭之傷和瘡瘍方面。這一時期也湧現出一批傑出的外科醫學家，在臨床當中總結寶貴經驗並著書。典型人物有王肯堂、陳實功、申鬥垣、汪機、楊清叟等。

陳實功（1555年—1636年）從事外科40餘年，並在晚年將自己一生當中寶貴的外科實踐經驗著書，名為《外科正宗》，其中對各種病症的治療方法，如皮膚病、腫瘤，以及手術當中的禁忌證等——做了系統的理論闡述。今日看來，其中多數理論科學性仍然很強。此書印發之後，對外科的發展意義深遠，不僅僅在國內產生影響，還流傳到日本等國，是指導外科臨床實踐的重要醫書典籍。

另一位外科醫學家王肯堂（1549年—1613年），也是總結自身的臨床實踐經驗，晚年撰寫《六科證治準繩》。王肯堂注重臨床實踐，善於總結，對腫瘤的性質及治療方法貢獻較大。他還對炭疽的發病原因和發病症狀做了確切的描述。另外，王肯堂首次記述了男性乳腺癌，這些臨床病症的發現可供後人參考。

在婦科方面，許多醫者建議掙脫封建思想的束縛，要求對婦女進行客觀的檢視，以求更好地瞭解婦女的身體構造（在當時，醫生幾乎全部都為男性）。於是在這一時期，對於女性的生理知識和婦女本身的體質，醫學家們有了一定的認識。在產科方面，對產房的衛生要求，以及優生優育都有了一定的研究，較之前來說，已經有了很大進步。

小兒科方面，許多科學理論也日

王肯堂

趨成熟，如人痘接種術的發明，對麻疹以及驚風的病症認識及預防，都有了很大成就。許多關於小兒科的醫書著作在這一時期被創作，如《保嬰撮要》《嬰童類萃》《全幼心鑒》《小兒推拿秘訣》等，還有專門針對人痘接種術的書籍，如《痘疹雜症論》《痘疹心印》《痘疹傳心錄》《痘疹大全八種》等。

在針灸方面，較之前也有很大進步。明代尤其注重針刺的手法，針刺手法也由原來單一的單式針法，發展到了20多種複式手法。這一時期，許多重要的針灸類醫書的著成，使得針灸理論學說得到大大的豐富。如徐鳳的《針灸大全》、楊繼洲的《針灸大成》、吳昆的《針方六集》等，對針灸理論研究起到了重要作用。另外，關於針灸的雕版圖的出版，也更加方便了針灸的研究。如丘浚雕版的《重刊明堂經絡前圖》《重刊明堂經絡後圖》，趙文炳雕版的《銅人明堂之圖》兩幅，鎮江府刻印的《經絡圖銅人明堂錯圖》等。但大多都已失傳，僅留下趙文炳的《銅人明堂之圖》。

推拿在明代作為一個醫學分支，被列入到醫學十三科中，首先肯定了推拿的醫學地位。此後，推拿作為很好的養生手段和外科治療手段被推廣開來。《陳氏小兒按摩經》小兒推拿秘旨》活人心法》等醫著，對推拿從手法、功效、適應證以及操作等，做了系統的理論闡述。推拿廣泛應用於小兒診療，明代的小兒推拿術，成為明代推拿的一個重要分支。

中醫倫理學的發展。明代是中醫倫理學發展的重要時期，雖然之前已有扁鵲、華佗、張仲景等醫德高尚的醫者，為後世醫者做出榜樣，但到了明代，出現許多論述醫德和倫理的論述和著作，這些作品對後世影響也很大。

明代孫志宏撰寫的《簡明醫彀》，其中有一節名為"業醫須知"，即專門敘述醫德倫理。書中詳細地闡述了作為醫者，不該重利，不能危言聳聽而向患者要高價，不能把明明易治的疾病說成難治，而難以治癒的疾病也不能說容易治癒，更不能只看重富人家的患者，而輕慢了貧窮人家的患者。其所言也正如唐代孫思邈在《大醫精誠論》中所言：凡大醫治病，必當安神定志，無欲無求，先發大慈惻隱之心，誓願普救含靈之苦。"

另外一位明代外科學家陳實功，在其撰寫的《外科正宗》一書中，不僅對外科中的治療經驗有詳細而科學的闡述，而且其"醫家五戒十要"對醫生的專業學習和言行態度，也做出了相應的正確論述，因而此書有著極高的研究價值。而陳實功本人也醫德高尚，將貧富患者一視同仁，為窮苦人看病不收錢，並且捐贈個人物資修路，為民造福。陳實功的"醫家五戒十要"，被全文收錄進美國的《生命倫理學百科全書》，被認為是世界上最早的已成文的醫德法典，影響後世一代又一代的醫者。

五、近現代發展進程

1. 清代中醫

清朝是中國歷史上最後一個封建王朝。長期的閉關鎖國，致使清朝後期，政治日漸腐敗，國家日漸衰落，西方列強入侵，各地紛紛爆發起義，加速了整個封建王朝的滅亡。中醫的發展在這樣一個特殊的朝代裡也顯得更加錯綜複雜。但清代前中期仍然如同明代一般，中醫學理論和實踐經驗經過較長時間的檢驗，在原來的基礎之上日臻成熟，但閉關鎖國的政策，又使中醫一味地尊古尊經，無法使新的概念和理論流傳進來，也就使得一些固有觀念無法突破。所以，一般講清代的中醫發展，多為清代前中期的發展，後期戰亂頻繁，幾近停滯。

清代前中期，社會生產力的發展帶動了中醫的進步，主要表現在如下幾個方面：

大量編撰醫學書籍。對於前人留下來的經典醫學典籍，如《黃帝內經》《難經》《傷寒雜病論》《金匱要略》等，清代的醫家注重整理和注釋，並在原有的基礎之上闡發新的觀點，貢獻較為突出。

清康熙十三年（1674年），張志聰開始撰寫《本草崇原》，但沒有寫完便去世，後該書由張志聰的弟子高世栻完成。這本書摘錄了《本草綱目》中的本經藥233種，主要探討藥性藥理，從藥物的性味、生成、屬性等方面進行闡述，著重"崇本求原"的思想，對之後的醫家有一定影響。

清康熙三十三年（1694年），汪昂撰寫《本草備要》，本書取材於《本草綱目》和《神農本草經疏》，將藥物分門別類，478種藥物被分為草部藥、木部藥、果部藥、穀菜部藥、金石水木部藥、禽獸部藥、鱗介魚蟲部藥和人部藥，共 8 大類，在當時被作為臨床藥學手冊，廣泛流傳。

另一本影響較大的藥用植物學專著，是吳其濬撰寫的《植物名實圖考》。這本書著重說明植物的藥用價值，且有藥用植物的插圖，是一本對研究藥用植物學具有重要參考價值的著作。

康熙中期，誠親王胤祉令進士陳夢雷撰寫《古今圖書彙編》。歷時 10 年，《古今圖書彙編》完成，被康熙皇帝改名為《古今圖書集成》。其中醫學部分《醫部全錄》，共 520 卷，收錄從古自清初 120 餘部醫學文獻，書中書目、醫學記事、醫家傳記等十分詳細，是一部十分全面的醫學文獻參考類典籍。

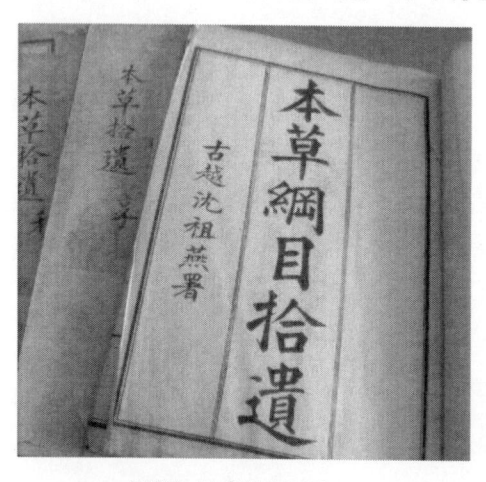

清乾隆三十年（1765 年），趙學敏撰寫《本草綱目拾遺》，"拾遺"即為補充《本草綱目》中記錄不全的藥物，是清代新增本草內容最多的本草類著作之一。《本草綱目拾遺》中新增 716 種《本草綱目》中所未記載的藥物，並對《本草綱目》161 種藥物進行補訂，共載 921 種藥物。其中還有部分西藥流入，如"刀創水"和"鼻沖水"。"刀創水"為碘酒，鼻沖水"為氨水。

趙學敏《本草綱目拾遺》

於清嘉慶元年（1796 年）成書的《瘋門全書》由肖曉亭撰寫，是我國有關麻風病的三大著作之一。《瘋門全書》中對麻風病的症狀、傳染途徑以及預防方法和治療方法等都做出了理論闡述，內容較科學。肖曉亭對麻風病的治療方法提出"內治九法"和"外治六法"，內治包括統治、分治、兼治等，外治包括針、灸、燒、熏洗等，其理論為後人研究麻風病提供了寶貴經驗。

由傅山撰寫，成書於道光七年（1827 年）的《傅青主女科》，是一本婦科類醫學典籍。《傅青主女科》共分為上下兩卷，上卷記載帶下、血崩、鬼胎、調經、種子五門，下卷包括妊娠、小產、難產、正產、產後諸症五門，其中論述內容翔實而平白，藥方嚴謹實用，注重臟腑和氣血的調理，為眾多婦科醫家所推崇。

清光緒十四年（1888年），張振鋆撰寫《厘正按摩要術》，其中包括按摩手法和按摩取穴要術，並配有圖經說明，共記載小兒24種常見疾病，為方便實用的按摩臨床指導之書。

另外，還有《重樓玉鑰》醫林改錯》傷科補要》《溫病條辨》《醫學源流論》等醫學典籍。清代前中期大量撰寫醫類的全書、叢書，在撰寫過程當中，對中醫藥研究的認識有所提升，也有許多新的進步，為中醫藥的發展繼續鋪建臺階。

對傳染病學認識的發展。清嘉慶二十二年（1817年），致命的霍亂病開始在印度加爾各答地區蔓延開來，隨後又流入中國土地上。雖然早先在《黃帝內經》中就有"霍亂"的記載，但是這只是一種以腹痛嘔吐為症狀的疾病，與真正的霍亂相比起來，真是小巫見大巫。

真性霍亂的流行和蔓延之地，就如同死神到達之處，一般被感染者很難再有生還機會。當時的醫生，已經瞭解到這兩種霍亂疾病都是胃腸系統類的疾病，但是卻不能夠再參照《黃帝內經》中的霍亂來診斷和治療，大家開始重新認識這種疾病。

當時著名醫家徐子默認識到，真性霍亂嘔吐和腹瀉十分劇烈，伴隨小腿痙攣，這些描述基本正確。而另一位名家王士雄則嘗試把真性霍亂同其他類型的胃腸系統類疾病加以區分，從傳染性的強弱、有無腹痛症狀、發病時的主要症狀及預防入手，加以區分，便於診斷真性霍亂。

在治療方面，根據用藥的習慣，徐子默主張用溫熱藥，王士雄主張用清涼藥，另外還有放血、刮法、刺法等。在預防方面，醫生們提倡多通風，保持良好衛生的環境，如果發現病例及時進行隔離等。王士雄還發現，人流稠密的地區更容易引發傳染病。他提出：平日宜疏浚河道，毋使積汙，或廣鑿井泉，毋使引濁。"這種環境衛生方面的要求及預防手段，在今天的傳染病的預防當中，仍是可行和科學合理的做法。

同時，這一時期，人類對天花的認識也有了較大的突破。天花的發現得到了清代官方的重視，因此加大了對天花的研究和治療的力度。人痘接種術在這一時期被發明，為人類預防天花做出了巨大貢獻，具有里程碑式的意義。

對人體解剖學的認識。我國長期處於封建社會，受封建禮教的影響十分嚴重，更有"身體髮膚，受之父母"的執念，保持身體的完整性一直是人們

的清規戒律。人體解剖學在這一封建思想的束縛之下，很難得到發展，進程緩慢。

我國早期的中醫學典籍《黃帝內經》和《黃帝八十一難經》當中就有關於人體解剖的論述。至唐代，孫思邈在《千金方》中對人體的內臟進行了描述。宋代，吳簡編著的《歐希範五臟圖》一書根據屍體的解剖，得到詳細的內臟圖譜。而宋代法醫學家宋慈，在《洗冤集錄》當中對屍檢的描述，為人體解剖學知識的增進做出了貢獻。到了清代，出現了一位著名的解剖學家、醫學家，叫王清任。他的研究和發現，大大推進了中醫解剖學的發展。王清任行醫，主張"夫業醫診病，當先明臟腑"。王清任認為，前人古書中許多對臟腑器官的描述是錯誤的。於是，他通過各種途徑開始了解人體內部臟腑器官的結構，並通過大量的實踐和認真觀察，明確了人體內部臟腑器官的部位和屬性，貢獻巨大。

古人在書中對肺的記載是：肺有六葉、兩耳、二十四管。"但王清任發現，事實並非如此。王清任通過人體解剖後仔細觀察發現，肺一共分為兩葉，其中一葉較大，靠向背；另一葉則較小，靠向胸。而前人所說的二十四管，根本不存在，王清任觀察到的肺外皮實而無透竅。如此這般的謬誤，王清任還糾正了許多，並根據這些觀察，繪製了圖形，用來糾正前人對臟腑的錯誤認知，並於1830年完成了《醫林改錯》。這本書對臟腑的認識具有革新精神，故有一定的學術價值。

溫病學的發展。在清代之前，熱病大多用《傷寒雜病論》中的方法進行醫治。明末清初，吳又可撰寫《瘟疫論》一書，不僅闡述了傳染病因學說，而且首次將溫熱與瘟疫合為一家，與傷寒分開來論述。

後來的醫家們在吳又可的基礎之上，逐步將溫病學派的隊伍擴大，遍及大江南北，湧現出一批優秀的溫派代表。當時即有以葉桂、王士雄、薛雪、吳瑭為代表的"溫病四大家"。溫病學說在傷寒學說的基礎之上進行補充，又獨立於傷寒學說，自成體系，從診療的手段方法到用藥成方等方面，發展日臻完善。

當時吳又可雖提出將溫病與傷寒分開論述，卻並沒有明確劃分溫病和瘟疫的具體界限。葉桂在吳又可的理論基礎之上，首次闡明了溫病的發病機理和規律，從根本上劃清了溫病和傷寒的界限。葉桂認為，溫病的整個發病過程包括四個不同的階段：衛、氣、營、血。葉桂是第一個發現猩紅熱的醫生，並且用溫病的治療方法進行治療。他的理論為溫病學的發展提供了依據，並對一些急症熱病有獨到的見解和治療方法，對整個中醫學有著深遠的影響。

吳又可

受葉桂的影響，吳瑭、王士雄等醫者也致力於研究溫病學說。吳瑭針對外感病和熱性病留下諸多有效的方劑。王士雄所著的《溫熱經緯》是中國溫病學的重要著作典籍之一，貢獻不菲。

中西醫學融合的萌芽。明清時期，政府實行了閉關鎖國的政策，限制和西方進行交流。而與此相較，西方列強又企圖撬開中國古老而封閉的國門。在這樣的時代背景之下，中醫的發展必定會受到影響。清末，又相繼產生了諸多不同的醫家思想和主張，而西醫的進入，成為爭鳴的中心。有的醫生認為，應該接受新事物，主張將中西醫融合；有的醫生卻認為，西方的醫學內容不適合東方人，應該完全否定。

但無論如何，中西方醫學融合的萌芽還是不可抑制地出現在這一時期，或多或少地影響著中醫。

2. 新中國成立後中醫藥衛生事業的建設

新中國成立後，我國社會發生了重大轉變，中醫在這樣的背景之下，也遇到了前所未有的挑戰和機遇。總的來說，呈現出如下幾個方面的變化：

建立醫史研究室。1951年，中央衛生研究院中國醫藥研究所建立了醫史研究室。這次建立的醫史研究室，是我國最早的醫史研究專門機構。到了1955年，成了中國中醫研究院，在一批優秀的醫史學家的主持之下，對高等院校的中醫學教材進行編寫和修訂，培養專門的中醫人才。

1982年，研究室升級為中國醫史文獻研究所，並分為四個研究室，分別為通史研究室、少數民族醫史與東西方比較史研究室、基礎文獻研究室和臨床文獻研究室。

改革開放以後，各個中醫高等院校開始成立醫史研究室。北京醫科大學創立了第一所醫史研究中心，使研究醫史的隊伍越來越龐大，力量越來越雄厚，在對中華上下五千年的醫史研究過程當中，發掘出中醫的寶貴經驗，對傳承和弘揚中醫有著不可忽視的作用。

醫史文獻研究室

中醫流派的消失。在中醫發展史中，一般都是在一個學科之內有多個學術流派，每個醫生都受到扁鵲、張仲景、孫思邈等醫學大家或某一流派的影響，或師承於某一方面有造詣的醫家，從而在此學術基礎之上發展和深造，就如我們之前所說的溫補學派、傷寒學派、滋陰學派等，形成了中醫學術當中百家爭鳴的局面。另外，歷史上還有一些比較有名的中醫學派，如嶺南醫派、少林醫派、陳氏兒科流派等。但是，新中國成立後，隨著中醫系統化和統一化的高等院校教育，主張全面的中醫理論學習，流派被認為具有局限性，發展和研究不夠全面，因此不再被推崇和接受。

就這樣，新中國成立後，中醫流派在中醫發展的歷史長河中逐漸消失，中醫向著更為科學和全面的方向行進。但也有人認為，這種流派的形成，也就是師帶徒的傳授模式，是培養中醫人才的一個重要途徑。尤其是針對某一個專科，在經驗手法之上，會更有深度，更為專長。

因此，在漫長的中醫發展道路上，在中醫教育和人才培養方面，依舊存在一定的盲點，也在一定程度上束縛了中醫的發展。所以，尋求一條更為合適的教育途徑，也許會使得中醫流派復蘇，並在百家爭鳴當中得到長足發展。

開枝散葉的中醫文化。如今，我們每每提到中醫，想到的都是白髮蒼蒼的老爺爺，端坐於藥櫃之前，凝神為患者把脈。身後的一個一個方正的小藥匣當中，散發著草藥特有的氣息，神秘而悠遠。隨著時代的發展，中醫逐漸被我們遺忘在蒙塵的角落。

現代中醫的發展，面臨諸多的挑戰，在西醫被人們所普遍接受的今天，時不時會聽到反對中醫的聲音。在國外，一部分人認為中醫缺少科學理論依據，並產生懷疑，甚至提出廢除中醫的口號，成為一個沉重卻無法避繞的問題。但是，面對諸多挑戰的中醫，也面臨著諸多的機會，中醫仍在繼續發展。

中國是醫學最早的發祥地之一，中醫也在我國古代漫長的文明史中佔據一席之地。在盛唐時期，中醫作為文化交流的一部分，被傳往多個國家和地區，如朝鮮半島、日本、阿拉伯等。

但如今，在外國，起初中醫並沒有完全被承認，在國外開的中醫診所，也無法取得合法的行醫執照，中醫師只能以按摩師或針灸師的身份出現。2001 年，中醫師首次以合法的身份進駐到國外作為醫師從事治病救人的本職工作。這是一段艱難的歷程。故事源於 1991 年，徐有強和孫慶涪從成都中醫藥大學畢業之後，來到南非，在當地開起一家"中國中醫診療院"。起初，南非政府既沒有承認也沒有反對，但徐有強夫婦在進口中藥和中成藥的過程當中，遇到了不少麻煩。到了 1998 年，有三位曾經在徐有強夫婦這裡得到過中醫治療的南非國會議員，對中醫產生了好感，並向國會提交議案，四處遊說。經過多方努力，終於在 2001 年，南非政府承認了中醫在南非的合法地位。中醫也邁開了走向世界的第一步。

2012 年上海世博會期間，眾多來到中國的外國代表團，在參觀了曙光醫院的現代化發展的中醫藥特色診療和針灸、推拿等各個科室之後，對中醫表現出了極大的興趣，並表示讚賞。

世界各地只要有中華兒女存在的角落，就會有開枝散葉的中醫文化，將中醫的精髓施惠全人類。

中醫的現代化。在科學和技術高速發展的今天，任何一個科目都離不開科學的軌道。中醫也是如此，要想繼續發展，中醫現代化是十分必要的。

中醫發展了幾千年，流傳下來的經典醫學典籍和治病妙方，大部分是不可否定的成就。但是，中醫的發展也需要與時俱進，就像前面所講述的中醫發展史一樣，每到一個朝代，中醫都會在發展的同時，打下這個時代所固有的色彩和烙印。如今，21 世紀的中醫所面臨的就是以中醫基礎理論和辨證論治為核心，全面吸納和融合先進科學理論和技術，為臨床實踐所應用。

中醫現代化和科學化，向從事中醫行業的人員提出了更高的要求，但無論如何，這是中醫發展所面臨的唯一軌道和方向，也是決定著中醫能否走出先前的桎梏的關鍵。

第二編　流芳百世的醫學名家

提起那些耳熟能詳的歷代名醫，我們總是在腦海之中閃現出這樣的畫面：或端坐著凝神為病人診脈，或背著藥簍到處采藥，或是提著藥箱行走於民間。這些名醫，不僅僅是流傳於民間的傳奇和故事，更是醫學史上的一塊塊基石。

一、開山鼻祖——扁鵲

扁鵲，（西元前407年—西元前310年），姓秦，名越人，是春秋戰國時期的名醫。"扁鵲"在古代是對醫術高超的醫生的統稱，所以我們所熟悉的那個扁鵲，其實並不是真名。在當時，扁鵲因為醫術甚高，周遊各國，醫治過的人不計其數，無論走到哪裡，都被人所尊重和敬仰，因而尊稱他為"扁鵲"。

1. 選擇從醫

相傳，扁鵲在青年時期，曾謀得一份替貴族打理旅舍生意的工作。在這期間，扁鵲結識了一個人，正是受到了這個人的影響，才使扁鵲踏上了懸壺濟世的從醫之路。

這個人叫長桑君，在扁鵲所打理的旅舍裡，一住就是很長時間。時日久了，兩個人彼此都有惺惺相惜之感，自然熟悉起來，並且有了不淺的交情。一日，長桑君將扁鵲悄悄叫到身邊，對扁鵲說：我有一些秘方，從不外傳。如今，我老啦，所以，我想傳授給你。"扁鵲一聽，大驚，問道：是什麼神奇的秘方呢？"

長桑君將一方藥劑遞給扁鵲，並告訴扁鵲說：一定要用天上降下的露水來服用此藥，三十日後，就可知其效果啦！"說完之後，長桑君便消失不見了。此後，扁鵲按照長桑君的指示如實去做，果然在三十日後，發生了神奇的事情，扁鵲可洞察異物，能夠看到牆另一邊的人。

此後，扁鵲便開始了他的行醫之路，由於他的醫術十分精湛，人們都說扁鵲能夠透視人體的五臟六腑，看清人體內器官的變化。

然而，這畢竟只是一個傳說。長桑君本身是一個醫術高明的醫者，扁鵲最初的醫學知識，則來源於長桑君的傳授。而且，扁鵲十分厭惡和排斥將巫術運用到疾病當中。扁鵲給人看病的原則當中，有一條就是，相信巫術卻不相信醫道的，拒絕醫治。

後來，扁鵲通過研究和實踐，總結出了豐富而寶貴的經驗，並確立了中醫裡面最基礎的診斷方法：望、聞、問、切。扁鵲成為中國傳統醫學的開山鼻祖。

扁鵲

2. 精湛的醫術

扁鵲雲遊各國，為眾生解除患病的痛苦，醫術已經相當高超。望、聞、問、切運用於診療之中，診斷精准，被人們尊為"神醫"。

有一次，扁鵲在晉國，為大夫趙簡子看病。當時，趙簡子病得十分嚴重，已經五天五夜未醒了。大家都認為，趙簡子大概過不了多久就會離開人世。然而，扁鵲在給趙簡子診脈之後，卻說，他並無大礙，脈相正常，不消三日，趙簡子就會醒來。大家都十分驚訝，也十分懷疑扁鵲的話。果然，兩日半後，趙簡子便醒了過來。

還有一次，扁鵲在虢國，傳聞那裡的太子剛剛去世。扁鵲去看，卻發現太子其實還有微弱的氣息，並沒有死去。於是扁鵲便叫弟子準備了針石，刺在太子的百會穴上，然後又給太子準備了能入體五分的慰藥，再用八減方的藥混合服用。不久，太子便像酣睡了一場般，終於醒了過來。扁鵲又給太子

扁鵲廟

配了一些調補的藥，命人煎熬給太子服用，兩日後，太子已與常人無異。當時，整個虢國都傳開了，說扁鵲有起死回生之術。

　　但在眾故事中最有名的還屬扁鵲見蔡桓公了。扁鵲到了蔡國之後，接到了蔡桓公的邀請，到蔡桓公處與其一同用宴。宴席期間，扁鵲對蔡桓公說，君王有病，就在肌膚裡，如若現在不治，大概會加重病情。蔡桓公不但不信，還有些不悅。十天之後，扁鵲又見到了蔡桓公，對蔡桓公說，君王的病，已經走到了血液之間，不治，恐怕還會加重。蔡桓公此刻已經十分氣憤，覺得扁鵲真是不識好歹，偏挑別人不喜歡的話來說。又十天過去了，扁鵲再次見到蔡桓公的時候，又說，病已經到了腸胃，不治還是會加重。蔡桓公沒有理睬他，而且更討厭他了。又過了幾天，扁鵲遠遠地見到蔡桓公就轉身跑了。不久之後，蔡桓公感到身體不適，再派人去找扁鵲，扁鵲已經離開了蔡國。沒幾日，蔡桓公便不治身亡了。

　　扁鵲說：當疾病在肌膚表面時，用熨藥便可治好；在血液中的時候，用針灸砭石的方法，也可治癒；在腸胃裡的時候，借助酒也可將藥力傳達至病灶處；然而病已到骨髓，我就無能為力了。"

　　由此可見，扁鵲的望診已經到了爐火純青的地步。

3. 醫學成就

《史記》中記載，扁鵲是最早運用診脈的方式來看病的大夫，並且能夠十分精准地診斷出疾病。虢國太子的假死狀態，就是扁鵲用診脈的方式診斷出了病情，然後對症下藥，才使得太子"起死回生"。

扁鵲最擅長應用的是"望診"。扁鵲見蔡桓公便是一個例證。在長期看病和診治的過程當中，扁鵲逐漸總結出了診療中的規律，並形成一套診斷理論，即望、聞、問、切。望就是觀察患者的氣色，聞就是聽患者說說最近發生了什麼能夠導致生病的事，問就是詢問患者自身的感受，切就是按患者的脈搏看脈相。

同時，扁鵲在治療當中巧妙地應用針灸、砭石、熨帖、湯液等治療手段，達到了良好的治病效果。相傳《黃帝八十一難經》是根據扁鵲的診療思想，整理成書，得以流傳下來的寶貴醫書。無論如何，扁鵲開啟了中醫裡運用四診法診斷疾病的先河，為中醫的發展做出了巨大的貢獻。

扁鵲不僅醫術高明，而且醫德十分高尚。當時，人人都知扁鵲的診療原則，其中一點就是十分反對盛行的巫術。巫術不僅誤醫，而且左右當時的政治。扁鵲堅持自己的理論，科學行醫，也灌輸給人們科學地對待醫學的思想，意義深遠。

扁鵲的研究成果流傳至後世，也便於後人更好地研究和發展中醫，扁鵲是卓越的醫學家。

二、醫聖——張仲景

張仲景（150 年—219 年），名機，字仲景，東漢末年著名醫學家，被後世譽為"醫聖"。張仲景一生廣泛收集醫方，寫就《傷寒雜病論》。這一傳世醫書著作，確立了辨證論治的思想，後被認定為中醫的基本原則。

1. 求醫之路

張仲景的父親曾在朝廷為官，但好景不長，這個曾經的官宦家庭便沒落了下來。但幼時的張仲景仍然能夠接觸到許多典籍，當看到扁鵲和蔡桓公的故事時，張仲景為扁鵲神奇的醫術讚歎不已，敬佩之情油然而生。這是幼時張仲景對醫生的最初概念和印象，也由此對醫學產生了濃厚的興趣。

張仲景所在的時代，戰亂頻繁，民不聊生，百姓飽受其苦，而官府卻只是一味地追逐利益，不管百姓死活，百姓不是餓死就是戰死，經常是屍橫遍野。張仲景看在眼裡，痛在心上。一面痛恨官府衙門，一面憐憫體恤百姓的悲苦，這更加篤定了張仲景想要從醫的念頭。於是，張仲景苦讀醫書，不為做官，只想成為救苦治病的醫生。

張仲景

張仲景的同郡有一名醫生，叫張伯祖。張伯祖醫術高明，心思縝密，每每為患者看病，都仔細斟酌藥方，經過深思熟慮才開方。張仲景便向張伯祖拜師學醫，而張仲景的敏思好學和勤奮用心，全部被張伯祖看在眼裡。於是，張伯祖"傾囊相授"，全力教授張仲景醫術。張仲景經過踏實的學習之後，很快便成為小有名氣的醫生。

　　張仲景一邊學習張伯祖的診療經驗，一邊苦讀醫書。《素問》《靈樞》《難經》《胎臚藥錄》等醫書，被張仲景反復研讀。

　　在《素問》當中，有一種說法是"今夫熱病者也，皆傷寒之類也"。張仲景反復琢磨，並根據自己在醫療實踐當中的經驗總結，將此理論發展為"傷寒為一切外感熱病的總稱，一切因外感而起的疾病，皆為傷寒"。

　　不久之後，張仲景的醫術已經超過了他的老師張伯祖，可謂青出於藍而勝於藍。

2. 襄陽拜師

　　張仲景在很年輕的時候，已經是醫術高明的醫生，但他並不滿足於此，而是繼續到處查訪名醫，登門拜師，向更多、更有成就的醫生學習醫術。

　　有一年，張仲景的弟弟要到很遠的地方去，便對張仲景說"你給我看看，我日後會不會有什麼疾病？"

　　張仲景望瞭望弟弟說：明年恐怕你會得搭背瘡。"

　　弟弟一驚，對張仲景說"都說瘡怕有名，病怕無名，到時候離你這麼遠，無法醫治可如何是好？"

　　張仲景說：不打緊，我給你開一服藥，等明年真的得上搭背瘡的時候，服下這服藥，瘡便會轉移到屁股的軟肉上。到時，你再尋醫治病，遇到認識搭背瘡的醫生，便讓他治好了。"

　　弟弟果然在離開張仲景一年之後，感到背部不適。於是，他按照哥哥所說，將藥服下去，也果真如張仲景所說，很快瘡就轉移到了屁股上。於是弟弟開始四處尋醫，而大夫們有的說是癤子，有的說是毒瘡，無一認識。

　　終於有一天，弟弟在遇到一個叫王神仙的人時，王神仙笑哈哈地說：這不是搭背瘡嘛！"於是給弟弟開了幾服藥，服用之後，搭背瘡很快就好了。弟弟寫信給張仲景，將此事告知。張仲景興奮得當即收拾行囊，從遠方趕來襄陽。

一到襄陽同濟堂，張仲景便找到王神仙，說自己生活沒有著落，願意留在王神仙這裡做個夥計，懇請王神仙收留。於是王神仙讓張仲景做了炮製藥材的夥計。張仲景對藥材的熟悉程度，以及炮製藥材時的出色程度，都令王神仙吃驚不小。很快，張仲景便跟在王神仙的左右，王神仙看病，張仲景抄方。張仲景跟著王神仙學習了不少疑難雜症的治療方法。

一日，一個老漢匆匆趕來，說自己的兒子得了急症，要王神仙前去診治。等張仲景看到王神仙開的藥方是藤黃時，知道這味藥毒性很大，能毒死病人腹中的蟲。張仲景擰緊眉頭，覺得不對勁，便找到王神仙說："一會兒，那老漢還會回來的。"王神仙不解，張仲景解釋說："你的藤黃只開了五錢，而毒死蟲卻需要一兩，五錢的量只能把蟲毒昏過去，蟲醒來後必定用勁更為猛烈。"

果不其然，老漢大呼大叫著跑回來說"我兒正疼得死去活來。"張仲景說："不妨我代師傅前去。"

到了之後，張仲景拿出針刺，在患兒的肚子上看准位置，一針下去，正刺中蟲的頭部。張仲景又給患兒開了一服瀉藥，很快，一條大蟲被排泄了出來，患兒也恢復了健康。

王神仙驚詫地看著張仲景問：你，究竟是何許人？"張仲景道出姓名，又拜了拜王神仙，王神仙忙說不敢當。兩人日後成為醫學道路上的好友。

3."辨證論治"與《傷寒雜病論》

張仲景一邊為病患診療，一邊不斷鑽研和總結前人留下來的醫學知識，總結出"辨證論治"的思想，被認為是中醫發展史上的"點睛之筆"。而他所撰寫的醫書《傷寒雜病論》，更是一部醫書當中的大作，是中醫四大經典著作之一，也是我國最早的將理論和實踐相結合的臨床診療用書，對後世影響極大。

《傷寒雜病論》系統地闡述和分析了傷寒的原因、症狀、發展階段以及治療方法。書中還記載著300多種藥方，精煉準確，在臨床實踐當中，療效十分顯著。其中比較著名的方劑有柴胡湯、麻黃湯、青龍湯、白虎湯和桂枝湯等等。

《傷寒雜病論》之所以重要，是因為書中所體現出的"辨證論治"思想，這一思想奠定了中醫思想理論的基礎。日後的中醫發展，幾乎都是圍繞這一思想進行。

張仲景坐堂行醫

根據張仲景在書中所體現的思想，所謂"正治法"就是用寒涼性藥物治療熱性病；而"反治法"則是用溫熱的藥物治療熱性病。用兩種截然不同的方法治療同一種疾病，就要認真辨證。這種辨證不僅僅局限於表面，還要深入內裡，利用多方面的診治手段和症候分析，得出疾病的症候特點，然後對症下藥。張仲景的思想徹底否定了前人僅憑症狀入手，從而判斷疾病性質和診療方法的方法，他主張用嚴謹而深入的理論辨別分析，這也就是"辨證論治"的思想根髓。

張仲景除著書《傷寒雜病論》外，還著有《辨傷寒》《評病藥方》《療婦人方》《口齒論》和《五藏論》。可惜這些著作紛紛遺失，僅留下一部《傷寒雜病論》。《金匱要略》則是宋代王洙等人發現的《傷寒雜病論》殘簡，並將雜病部分內容重新整理刊印。

張仲景不僅醫術高明，研究成果豐碩，而且醫德高尚。張仲景在任長沙太守時，許多百姓慕名而來，找到張仲景為其看病。而東漢建安年間，封建等級制度森嚴，張仲景卻沒有一點官老爺的架子。處理完公務的張仲景，便在大堂上坐診，為絡繹不絕的患者診治疾病，首創了"坐堂醫"這一形式，而"坐堂行醫"也成為千古佳話被流傳下來。

三、外科鼻祖——華佗

華佗（約145年—208年），字元化，名旉，沛國譙縣（今安徽亳州）人，著名醫學家。

華佗出生在東漢末年，少時在外遊學，當時戰亂不斷，水旱災害頻繁，疫病也隨之增加。華佗淡泊名利，潛心鑽研醫術，精通內科、婦科、兒科、針灸，對外科格外擅長，且有極高造詣，發明了在外科手術中用來麻醉的麻沸散，被後人尊稱為"外科鼻祖"。

1.《三國演義》中的華佗

三國時期，關羽在樊城攻打曹操的時候，右臂中箭受傷。等關羽回到寨中，拔出右臂上的弓箭時，右臂已經青腫了起來，不能動彈。原來箭頭上被塗抹了毒藥，毒藥已經入骨，傷勢越來越嚴重。

部下紛紛來說，關公傷勢如此，樊城是拿不下了，還是趁早班師回荊州吧。關羽大怒，剿滅曹賊，以安漢室，豈可因小瘡而誤大事？部下紛紛退下。可是，關羽右臂上的傷口就是不見好，遲遲不愈，急壞了關羽，部下也愁雲滿面，四處打探可醫治箭傷的名醫。

一日，有人駕著一葉小舟從江東過來，說要求見關羽。關羽請進軍帳中，見來者何人。來者自稱是華佗，特地來為關羽治療毒箭之傷。於是，關羽將手臂伸與華佗看。

華佗看後說：您中的是烏頭毒箭，如若不及時治療，這條手臂就廢掉了。"

關羽忙問：用什麼藥來治？"

華佗說：治療的辦法倒是有，就是怕您忍受不了疼痛啊！"

關羽笑答：久經沙場之人，千軍萬馬尚且不怕，疼痛算得了什麼？"

華佗說：我要用鐵環固定住您的手臂，蒙上你的眼睛，然後切開皮肉，將骨頭上的毒刮掉，再敷上藥之後縫合上，這樣便能治癒手臂。怕您受不了啊！"

關羽說：如此這般，容易，也不用鐵環固定。"

於是關羽擺席飲酒，與馬良對弈，另一面華佗取出尖刀，開始切開右臂上皮肉，直見其骨。骨頭因中毒已經變青黑，華佗便用刀刮變黑的骨頭。刮骨的場景和聲音令周圍的部下掩面失色，膽戰心驚。而關羽則面不改色，一邊飲酒一邊談笑對弈。

待華佗刮完骨，敷上藥，縫合上傷口之後，關羽伸展手臂，活動自如，發現手臂上的疼痛也消失了，連連稱讚華佗是神醫。

後來，關羽要獎賞華佗百兩黃金，華佗堅持不接受，並說：我是聽說了您德高望重，特來醫治，怎能接受獎賞呢？"於是留下一貼敷胳膊用的藥劑，便離開了。

《三國演義》中有詩曰：治病須分內外科，世間妙藝苦無多。神威罕及惟關將，聖手能醫說華佗。"就是說，人世間呀，若論威武，能比得上關羽的，還很罕見；若提及醫術高明的醫生，那就該提提華佗了。

這則故事是根據華佗的真人事蹟

刮骨療毒

改編而成的，關羽確有刮骨療傷過，可華佗早已在此事發生的幾年前去世。但這則故事仍然在民間廣泛流傳，一面頌揚關羽忍受劇痛、性格堅毅，另一面則頌揚華佗醫術高明，對症治療，擅長應用外科手術，妙手回春。

2. 醫學成就

相傳，華佗並無醫師傳授，而是通過研讀古人留下的醫學典籍，再加上自己在實踐中的鑽研和總結，醫術變得日益高明。數十年的醫療診治實踐中，華佗熟練地掌握和運用方藥、針灸和手術等治療手段，對內科、外科、婦科、兒科都十分精通。華佗在為病人治療疾病的過程中，診斷迅速準確、療效快，被稱為"神醫"。

華佗最重要的醫學成就，就是開創性地使用了外科手術中的有麻醉效果的麻沸散。我們都瞭解，外科手術中，病人一般都是劇痛難忍，所以，在外科手術前，麻醉是一項十分重要的流程。1800多年前，華佗已經能夠成功地進行腹腔科的外科手術，這和他已掌握麻醉技術是不可分開的。

華佗觀察人在醉酒狀態下神志不清的樣態，隨即發明了酒服麻沸散，運用在外科手術前的麻醉過程當中。等患者沒有知覺之後，華佗便開始進行外科手術。病在腸胃，便剖開進行洗滌，敷以草藥，再進行縫合。如果有病灶部位需要切除，便先服以麻沸散，再將病灶部位切除。華佗正是用這種最初的外科手術，治癒了無數患者。他所使用的麻沸散，是世界上最早的麻醉劑，開創了在外科手術當中全身麻醉的先例，被尊稱為"外科鼻祖"。

華佗的另一項獨創發明是模仿動物的形態和動作而發明了一項醫療體育保健運動"五禽戲"。五禽，分別為虎、鹿、熊、猿、鳥。華佗根據這五種動物平時最常做的神態動作，即老虎前撲的動作，鹿扭轉脖頸時的動作，熊的伏倒站立動作，猿猴腳尖點地縱跳動作，以及鳥兒展翅飛翔時的動作，發明瞭這套具有保健療法的"五禽戲"。

根據華佗的理論，"人體欲得勞動……血脈流通，病不得生，譬如戶樞，終不久也"。相傳，華佗有段時間天天指導一群體弱多病的人在空曠的地方做這套體操。華佗說：體有不快，可做一禽之戲，怡而汗出，因以著粉，身體輕便而欲食。"經常做這套體操，可以活動筋骨，全身的肌肉都可以得到舒展，使經脈通暢，起到預防和祛除疾病的效果。

華佗的學生普桑從師傅那裡學來"五禽戲"，用這種體操強身健體。等到普桑活到 90 多歲時，仍然耳聰目明，身體強健。

華佗的一生中諸多醫學成就和建樹，都是因為善於總結前人的方法和理論，並以此為基礎，創立出屬於自己的學說。扁鵲和張仲景對華佗都有一定的影響。但是，在當時的封建社會下，儒家思想"身體髮膚，受之父母"被大家所廣泛推崇，所以在身體上面動刀和開腔，不被人們所廣泛接受。因此，華佗所採用的外科手術在當時並未廣泛流傳。

五禽戲

3. 華佗之死

在華佗之前的幾位德高望重的醫者都是在自然老去的情況下過世的，而華佗之死，卻是一個謎。對於華佗的死因，流傳最為廣泛的就是在《三國演義》當中的說法，華佗是被曹操殺害的。

傳說，當時曹操頭風病十分嚴重，經常在發作之時頭痛難忍。於是曹操找來華佗為自己醫治頭風病。擅長外科的華佗在為曹操診治之後，對曹操說："我要給你服用一劑湯藥，然後用鋒利的斧頭劈開你的腦袋，再進行診治，這樣方可祛除你的頭風病。"

曹操一聽，隨即大怒。曹操本是疑心非常重的人，一聽華佗這樣說，就以為是華佗不懷好意，是想要自己的性命。所以，曹操盛怒之下，將華佗關進大牢，殺了華佗。從此以後，曹操也因殺害了一代名醫華佗而背上罵名，但這只是一個虛構的故事。

還有另外一種說法是，華佗在給曹操診治了疾病之後，對曹操說：此近難濟，恒事攻治，可延歲月。"大概意思是說，這種病不是一天兩天就能夠治癒，需要時日長久的專門治療，方可延長性命。而華佗實際上是雲遊四方的醫者，不願意專為曹操的醫生，於是便說自己家中妻子病重，要回家去。

華佗走後，曹操頭風病越來越重。曹操開始一遍一遍召回華佗，又是書信又是派人專門前去。而華佗似乎也是鐵了心，就是推脫不去，最後觸怒了曹操。曹操命人說，如果華佗之妻真的是病重，有賞並允許華佗延緩到達，如果其妻之病是假，那麼就將華佗殺掉。於是，華佗就這樣被曹操殺了。

後人多次研究和評論，認為華佗之死與華佗和曹操兩人的脾性大有關聯。曹操為人兇殘，疑心較重，肚量不大，加之其自視甚高，沒有給予華佗一定的尊重。這種本來是互尊互重的醫患關係，卻被曹操自認為一個是一方霸主，一個是"鼠輩"這樣的關係。所以兩個人從一開始就關係微妙。

但曹操確是愛才惜才之人，一直都聽聞民間傳說華佗醫術高明，不待忍耐達到極限，也不會殺掉華佗。所以，另外一個原因就在華佗身上。華佗沒有精確地瞭解曹操的脾性，一而再，再而三地觸怒了曹操，惹來殺身之禍。

華佗的死，對於醫壇無疑是一顆巨星的隕落。華佗的許多醫學成就沒有被延續下來，包括麻沸散也從此失傳。他根據自己豐富的醫療實踐經驗總結出的一本書——《青囊經》也隨著死亡一同消亡了，沒有流傳下來。但華佗的徒弟和後人，根據華佗的醫學學說，仍舊將華佗的許多理論應用在了醫療當中，且效果良好。他的名徒吳普遵照華佗的醫術給患者治病，醫好了許多人，同時也把華佗發明的"五禽戲"流傳了下來。

至今的沛縣"華祖廟"當中，一副對聯恰切地總結了華佗的一生，題為："醫者剖腹，實別開岐聖門庭，誰知獄吏庸才，致使遺書歸一炬；士貴潔身，豈屑侍奸雄左右，獨憾史臣曲筆，反將厭事謗千秋。"

四、醫學道士——葛洪

葛洪（284年—343年或364年），字稚川，號抱朴子，晉丹陽郡句容（今江蘇句容市）人。葛洪是東晉著名的道教學者、煉丹家和醫藥學家，人稱"葛仙翁"，著有《神仙傳》《抱樸子》等，對道教的發展影響較大，也是煉丹史上承前啟後者。同時，在醫學方面，又著《肘後備急方》等，對臨床急症醫學做出了重要貢獻。所以說，他既是一位宗教理論家，又是一位從事煉丹活動的醫藥學家。

1. 青年時期

葛洪出生在一個沒落的官宦家庭。葛洪是家中第三子，備受父母寵愛，幼時和少年時期讀書並不刻苦。13歲的時候，葛洪的父親去世，又恰逢西晉末年戰亂頻繁，社會動盪不安，波及葛洪的家鄉。葛洪家也每況愈下，連起碼的填飽肚子也開始變得困難起來。更令葛洪心痛不已的是，家中原本先人留下來的書籍，全部被焚燒一空。心靈受到極大震盪的葛洪開始發奮讀書，勤學苦讀。

葛洪

因為家中已經一貧如洗，收藏的書籍也都沒有了，所以葛洪經常用上山砍得的柴換來紙筆，然後向別人借書，晚上借著火光抄寫。如此換來的紙筆，葛洪無比珍惜，經常是一張紙正反面反復使用，字疊著字，節儉有加。等到葛洪16歲的時候，已經博覽群書，肚子裡有了濃厚的墨水，詩詞雜賦的水平也已很高。《孝經》《詩經》《周易》《論語》這些儒家經典典籍影響著葛洪生命觀的形成。他自知自己苦讀詩書，並非要做官，走仕途之路，而是要著書立說，"立一家之言"。

於是，葛洪開始著書《抱樸子》，但因戰亂，《抱樸子》不得不半途中止。但葛洪的此番努力並沒有白費，而是為日後的醫學活動和煉丹活動提供了堅實的文化底子。

2. 道教神仙理論

葛洪學道的師傅是鄭隱，鄭隱的師傅是葛玄，葛玄的師傅又是左慈，就是和曹操打過交道的神仙方士左慈。左慈是東漢末年的方士，在道教歷史上，東漢時期的丹鼎派道術就是從左慈起一脈相傳下來的。左慈在修道的時候，弄到幾本關於煉丹方面的仙經，有《太清丹經》《金液丹經》和《九鼎丹經》。這些煉丹仙經輾轉到了葛洪的手中，對葛洪的煉丹活動起到了重要的啟發作用。

當時的葛洪，十分厭惡打著道教的旗號進行造反活動的農民起義。他認為，那種道教，既不能延年益壽，又不能消災治病。於是，葛洪在繼承了早期道教的同時，又將道教進行了改造，還著書《抱樸子內篇》。

在葛洪所改造的道教中，既有前人所總結的神仙方術，又併入他自己早先讀儒家類書籍時所尊崇的儒家綱常理論，如"忠孝""仁義""積善"等。也就是作為道士，要修德行，如果德行不夠的話，即使是服用丹藥，也無法成仙。如此這般在道教當中融入儒家綱常理論，是葛洪努力建立起道教神仙信仰的願望和基礎，以成仙不死為目標，奠定了道教思想的基本論調。

在《抱樸子內篇》當中，葛洪全面而系統地總結了晉代之前的神仙理論和神仙方術。在整本書中，葛洪一共論述了兩件事：一是要相信神仙的存在，二就是成為神仙的方式和途徑。

在當時，一部分人相信有神仙的存在，而另一部分人則不相信神仙的存在。而葛洪卻十分篤定地認為，神仙是一定存在的，即使自己沒有看到過，但自己的師傅、師傅的師傅，可都是老實人，老實人是不會騙人的，師傅說有，那一定是有的。另一方面，葛洪又舉例說，漢朝有一個人叫劉向，寫了一本書叫作《列仙傳》，其中共有 70 多個神仙，每一個神仙都是有名有姓有具體出處的，怎麼會有假呢？

葛洪煉丹圖

葛洪的篤定，也堅實了他內心的想法，就是一定會有途徑能夠讓人在修煉之後得以成仙。根據從師祖那裡得來的煉丹經驗，葛洪相信，煉製和服食丹藥，就是修道成仙的途徑。於是，葛洪開始了長期的煉丹活動。

在《抱樸子內篇》中，有三篇專門描寫煉丹活動的。一篇為《金丹》，一篇為《黃白》，另一篇為《仙藥》。這三篇文章總結了晉代之前煉丹的成果，並介紹了煉丹的方式方法及煉丹的原材料，信息量巨大，基本上是我國煉丹書籍當中的名著。

葛洪在頻繁的煉丹活動中，總結了大量的有實用價值的經驗，通過這些經驗，也掌握了許多的化學知識。如他指出，用鉛白可以煉出鉛丹，鉛丹也可以再煉回鉛白。鉛白即我們今日所說的鹼性碳酸鉛，鉛丹即為紅色的四氧化三鉛。而葛洪所總結的就是我們今天在化學當中常見的反應——可逆反應。又如，丹砂加熱可以煉出水銀，水銀可以與硫黃化合，變回丹砂。丹砂為今日所說的硫化汞。諸如此類的化學反應，葛洪早在 1700 多年前，就在煉丹的過程中發現了。雖然葛洪並沒有煉製出可以長生不老的丹藥來，但對化學事業和醫藥事業卻做出了極其重要的貢獻。

3. 醫學貢獻

葛洪在道教當中的另一個思想主張就是修道兼修醫術。原因有兩個：一個是只有懂得醫術才能夠治病救人，因為行善也是修道成仙的一個必要條件；另外一個原因是，如果自身得病，也好給自己治療，如果一病不起，不但無法成仙，也許連命都保不住。所以，從第二個原因出發，葛洪更加注重針對一些急症而進行治療。

葛洪在遊歷和行醫的過程中，根據自己的經驗總結撰寫了醫著《肘後備急方》。所謂"肘後備急方"，就是常常放在肘後，一旦急用，便拿出來，以防萬一。書中總結了大量遇到急症情況時的救治方法，並儘量用簡便易行的方法和容易得到的藥物，這大大縮短了人們在緊急狀態下進行急救的時間。在此之前的急救方，不是難尋，就是說得不夠清晰，而葛洪的《肘後備急方》實用性極強。

葛洪在《肘後備急方》中記錄了幾種疾病，在當時的情況下，是一種很偉大的進步。如他在書中對急性傳染病的闡述，他認為這種疾病並不是人們所認為的由鬼神所引起的，而是受到外界的戾氣的侵襲。葛洪在對傳染病的描述中，排除了封建迷信思想，已有很大進步。

葛洪還描述了一種傳染性疾病，這種疾病會在人與人之間互相傳染，被染上疾病的人渾身疲乏，發燒怕冷，日漸消瘦，精神狀態極差。而葛洪所描述的，正是我們今天所說的結核病，葛洪也成為我國最早記載結核病臨床症狀的人。

此外，葛洪還第一次記載了兩種傳染性疾病，一種是天花，另一種是恙蟲病。

《肘後備急方》中記載，有一年，流行一種怪病，每一個得病的人身上都會

葛洪《肘後備急方》

起紅色的小皰，開始還是紅色，後來發展為白色的膿包，膿包易破，而破損的地方又極易潰爛。500多年後，阿拉伯醫生雷薩斯在書中第一次描述了天花的症狀，正是葛洪所描述的這般。

葛洪煉丹期間，在廣東的羅浮山中居住了許久。在那期間，他發現了一種小蟲，叫沙虱，能夠引發疾病。葛洪把這種疾病叫作沙虱毒，就是我們今日所說的一種急性傳染病——恙蟲病。被沙虱叮咬之後，被叮咬部位感染，並伴隨皮疹和發熱。1878年，美國醫生帕姆記載了此病，確定沙虱為傳染媒介。而葛洪比其早了1500餘年。可見，葛洪對臨床急症醫學的貢獻十分突出。

在用藥方面，葛洪也有記錄，在《抱樸子》的《仙藥》一篇中，葛洪對許多藥用植物的形態、生長環境、入藥部位以及適應證等做出詳細描寫，有很大參考價值。

葛洪博學多才，一生著書豐富，除《抱樸子內篇》《抱樸子外篇》《肘後備急方》之外，還有《隱逸傳》《神仙傳》《軍書檄移章表箋記》等，大多作品已經遺失。葛洪的一生，無論是在道教上，還是在醫學上，都頗有影響，在文學造詣上，也頗有成就。

《晉書》卷72記載葛洪去世之時"視其顏色如生，體亦柔軟，舉屍入棺，甚輕，如空衣，世以為屍解得仙雲。"這段話描述了葛洪臨終之時，如同新生，身體髮膚顏色都不像已經仙逝了一般。這大概是對葛洪人生終點最為美好的描述，也寄託了人們對葛洪死後成仙的一種道家願景吧！

五、藥王——孫思邈

孫思邈，生於隋文帝開皇元年（581年），卒於唐高宗永淳元年（682年），唐代京兆華原（今陝西銅川市耀州區）人。這位享年101歲的老者，是偉大的醫者和藥物學家，同時也是著名的道士，是中國古代中醫史上的傳奇，被後世尊稱為"孫真人"和"藥王"。

1. 為何放棄仕途

孫思邈的家在長安附近，自幼勤思敏學，天資聰穎。7歲入學堂，一日便能背誦千字的文章，人稱"聖童"。等到孫思邈成年之時，讀書涉獵範圍極廣，儒家、道家、佛家的典籍，醫學的典籍及古聖賢之書，都在其通讀的範圍之內。孫思邈極為推崇老莊的思想，對道家和佛家的思想也逐漸融會貫通，其學問十分淵博。人們都認為，孫思邈應該去當官，對於如此學識淵博、才華橫溢的人來說，仕途的大道自然是十分寬廣。

隋文帝、唐太宗和唐高宗，都聽聞孫思邈學識淵博，多次請孫思邈到朝廷做官，可是，都被孫思邈婉拒了。眾人難以理解，難道男兒的志向不是求取仕途之路嗎？孫思邈為何會放棄仕途呢？

孫思邈放棄仕途的原因有兩點。第一點是孫思邈深受道儒兩家思想的影響，並看透了統治者之間為了權力而進行的殘酷的傾軋殺戮，對為官極為厭惡，"固辭不受"。第二點，也是最重要的原因，是與孫思邈個人體質有關。

孫思邈小時候體弱多病，常常要請醫生來看病，而家人為了給孫思邈看病，已經蕩盡家產。同樣，孫思邈周圍還有很多窮苦的人，也是因為生病花光了積蓄。更有甚者，一無所有的人生病因沒錢治療，就失去了生命。孫思邈從小便目睹和經歷了因缺醫少藥而受的苦難。他覺得，在這樣的社會裡，有再多的官宦，沒有醫生，又有什麼用呢？人們生病得不到治療，社會怎麼會安定呢？

於是，孫思邈立志成為"蒼生大醫"，並苦讀醫書，刻苦鑽研歷代醫家的著作。20歲時，便開始為鄉鄰診治疾病。孫思邈一生致力於醫藥的研究和為蒼生解除病痛，並且最終實現了他的理想，成為一代"蒼生大醫"。

2. 對醫學的貢獻

孫思邈的一生都致力於為患者診療，不斷地在診治的過程當中改善和創新療法，被治癒的患者不計其數。許多疑難雜症患者，在孫思邈不懈的努力下，得到康復。這也歸功於孫思邈對藥物近乎狂熱的研究，峨眉山、終南山等地，都有孫思邈的足跡。孫思邈邊行醫，邊採集草藥，再將草藥不斷地應用於臨床試驗當中，得到確定的良好治療效果之後，再編寫成書。

人們都十分瞭解孫思邈最著名的醫學著作《千金要方》。《千金要方》共30卷，232門，內容十分豐富，是中國中醫史上第一部全面系統的臨床醫學百科全書。孫思邈根據《黃帝內經》中的臟腑學說論述，汲取其精華，又加之自己的研究理論，在《千金要方》中第一次完整而系統地論述了以臟腑寒熱虛實為基礎的辨證療法。

同以"千金"命名的另一部著作為《千金翼方》，與《千金要方》一起被人們合稱為《千金方》。《千金方》共計60卷，其中有診法、症候等醫學理論，6500種藥方論。

孫思邈《千金要方》

《千金方》中詳盡的方劑用藥，為後世的方劑學奠定了基礎，被後世稱為"方書之祖"。

孫思邈是我國第一位麻風病專家。在孫思邈的數十年為病患診療的過程中，曾遇600余名麻風病人。孫思邈潛心研究治癒麻風病的草藥和療法，經他診治的麻風病人中，有60多人被治癒。這在1300多年前，幾乎是一個奇跡。

孫思邈還是導尿術的發明者，這在世界上，恐怕也是首例。有一次，一個得了尿瀦留的病患由於撒不出尿來，被憋得十分難受，小腹已經高高隆起。孫思邈覺得，此刻若是用藥的話，恐怕時間上會來不及。如果有一個細管插入尿道的話，也許能夠將尿液匯出來。這時，鄰居家的孩子正在玩蔥管，孫思邈將孩子手中的蔥管拿來，切去尖頭，燒了燒，輕輕插入病人的尿道中，再輕輕一吹。果然，尿液緩緩流出，為病人解除了痛苦。

孫思邈雖不知維生素為何物，卻早已利用維生素來治病了。孫思邈是第一個利用動物肝臟治療眼病的人。如今看來，利用的是動物肝臟中富含維生素A的原理。孫思邈還利用穀樹皮煎湯煮粥食用以預防腳氣病的發作和復發，現證實穀樹皮中富含維生素B，對腳氣病有一定的攻克作用。孫思邈治療腳氣病的這一項發現，比歐洲早了1000多年。

此外，孫思邈還第一個運用複方治病；第一個使用多樣化的藥物外用治療牙病；第一個運用胎盤粉治療疾病；第一個繪製《明堂三人圖》；第一個將病患分為科別，有了明確的兒科和婦科；第一個創立了"阿是穴"；第一個用羊的甲狀腺治療地方性甲狀腺腫；第一個發明了地黃炮製法和巴豆去毒炮製法；第一個系統而完整地論述了醫德，等等，共創下"二十四個第一"。

孫思邈在中醫學歷史上的醫學成就和貢獻，不僅僅是"二十四個第一"

孫思邈

就可以簡單概括。他所留下的醫學著作和思想理論，對後世的醫學發展有深遠的影響，成為千餘年來醫學史上一顆永不磨滅的恒星。

3. 養生原則

傳說當中，孫思邈不止活到 101 歲高齡，有人說他超過 120 歲，也有人說他享年 141 歲。而孫思邈幼時體弱多病也是事實，那孫思邈是如何做到高齡長壽的呢？

這大概得益於孫思邈在行醫過程當中，潛心研究嵇康與《黃帝內經》中的養生理論，總結出寶貴的養生經驗，將儒家、道家及外來的古印度佛教思想與中醫裡的養生之道融會貫通，並身體力行，才能夠壽逾百歲。

孫思邈的養生之道總結為以下幾點：

飲食節制規律，不暴飲暴食。這一點，在現代也是被人們所廣泛認知的養生常識。吃飯只吃七分飽，能夠減輕五臟六腑的負擔；反之，過飽的飲食則會加重臟腑器官的負擔；規律的飲食則是腸胃健康的重要保障。孫思邈即提出"燈用小炷"的養生思想，即小量的思想，細水而長流。另外，孫思邈還認為，"人之養老之道，雖有水路百品珍饈，每食必忌於雜，雜則五葉相撓，食之不已，為人作患"。也就是說，人們在養生之時，地上的、天上的山珍海味固然又多又好，但全部拿來吃，一定是有害處的。故又說：奢侈有餘，故折其命也。"生活上驕奢無度，必定是會折壽的啊。

修身養性平衡心態，不過分地追名逐利。孫思邈的一生，淡泊名利、歸隱山間，采藥、製藥、著書，為人們解除病患和疾苦。一輩子都遠離功名的困擾和紛爭，也就遠離了鉤心鬥角和爾虞我詐，內心自然平和無瀾。所以他總結：不要過度憂思，不要憤怒發脾氣，不要悲苦憂愁，不要大驚小怪，不要情緒激動，不要多言，不要過度大笑，不要不停地為欲望而斤斤計較，也不要終日充滿怨憤淚流滿面，這些都是有損壽命的。如果這些"不要"都做到了，那麼也就可以長壽了。

與其他養生理論有所不同，孫思邈的養生理論堅持以"養性"為首，養身為次。在性情之上做到平和靜氣，維護好心性，才能夠從本源上阻擋情緒對身體的侵害。

主張運動，但要適量。孫思邈說："養性之道，常欲小勞，但莫大疲及強所不能堪耳，且流水不腐，戶樞不蠹，以其運動故也。"運動是好事，能夠保證身體內部處於流動的狀態，只有流水才能夠保證生機。但不能夠運動過頭，產生疲勞感使自己難以承受。所以，養生之道主張運動，但要適量而為。

另外，孫思邈還發明了一些身體上的按摩法來養生保健。例如，常梳頭髮，因頭部有許多重要穴位，可以預防頭痛、頭風、耳鳴和脫髮；常叩牙齒，可以預防蛀牙，保持頭腦清醒；常搖頭，可以預防頸椎疾病；常散步，可以舒緩心情，保持運動的狀態；常按腳底，腳底的穴位較多，可以預防失眠、降血壓等。

縱觀孫思邈的養生思想，"防重於治"佔據主要部分。身體就像一個大機器，需要時常維護，以防出毛病，預防比治療重要，且簡單易行。孫思邈總結出的寶貴養生經驗，至今仍然適用。

4. 行醫原則

孫思邈不僅僅醫術高超，且德行高潔。這也是孫思邈所堅持的思想，即高超的醫術和醫德並存才是"蒼生大醫"的基準。

尊重生命。孫思邈在《千金要方》中說："人命至重，有貴千金，一方濟之，德逾於此。"意思是說，人的性命，十分寶貴，貴過千兩黃金，醫生的一劑方藥救人治病，德行也貴過千金。孫思邈的行醫原則，就是要把人的生命當作最為寶貴的東西，尊重人的生命，繼而用盡全力拯救人的生命，這就是醫者的最高職責。

不分患者的貧賤。在另一部著作《大醫精誠》中，孫思邈說"凡大醫治病，必當安神定志，無欲無求，先發大慈惻隱之心，誓願普救含靈之苦。若有疾厄來求救者，不得問其貴賤貧富，長幼妍媸，怨親善友，華夷愚智，普同一等，皆如至親之想。"意思是說，凡是具有醫德和高明醫術的醫生，在給患者治病的時候，必須要安穩神智，沒有欲求，專注地關心於病人的病患疾苦，發惻隱之心，發誓要醫治好病人的疾病。如果有病人來向醫生求救，不能關注其是貧是富，是長是幼，是漂亮還是醜陋，是關係密切的親友還是劍拔弩張的仇人，是聰明的人還是愚笨的人，作為患者，都要一律平等地對待，當作至親一樣。

　　診療方法。孫思邈還總結出良醫診斷疾病的方法，"膽欲大而心欲小，智欲圓而行欲方"。這裡面的"膽大"，是指行醫之時，要敢於下手，面對患者，要有治癒患者的雄心和信心。"心小"則是指在給患者診治的時候，一定要小心小心再小心，如同行走於薄冰和懸崖峭壁之上一般。"智圓"是指在行醫的過程中，動用智慧，不拘泥，智慧而圓滑地運用診療方法。"行方"則是指必定要行為方正，不貪名，不奪利，做到心中坦蕩。

　　醫術的精益求精。　孫思邈告誡天下醫者，作為醫者，必須有高超的醫術，研究前人的醫學理論，不斷地提高自身的醫學素養。於是他說："博極醫源，精勤不倦，不得道聽塗說，而言醫道己了。"也就是說，只有掌握了純熟的醫術，努力勤奮不斷地學習，切身去實踐和總結，而不是道聽塗說，才能夠真正地稱得上是醫者。孫思邈多次歸隱山林之中，就是為了潛心山間草藥。孫思邈醫術高明，對中草藥學的研究和貢獻也全部體現在他的著書之中，被後世尊稱為"藥王"。

　　孫思邈的行醫原則和思想被人們廣泛認可和贊同，認為這就是醫者所應具備的條件和素質，千百年來不斷被讚譽和稱頌，更被後人尊稱為一代"醫神"。

六、兒科之聖——錢乙

錢乙（約1032年—1113年），字仲陽，北宋時期著名兒科醫學家，也是我國歷史上第一個著名的兒科醫學家，有"兒科之聖"和"幼科之鼻祖"之稱。根據錢乙的理論和治療案例撰寫的兒科著作《小兒藥證直訣》，是我國現存的第一部兒科醫著，錢乙將自己的臨床實踐經驗加以總結，系統地論述了關於小兒的辨證施治方法，對兒科貢獻巨大。《四庫全書目錄提要》提到錢乙時稱錢乙為"幼科之鼻祖"，認為他有妙手回春之術。

1. 隨姑父從醫

錢乙出生在一個貧困的家庭，其父錢顥，是一個嗜酒又喜歡到處遊走的人，在錢乙出生不久，就不負責任地丟下錢乙遠走他鄉，而其母在貧困和病痛的折磨之下，僅僅陪伴了錢乙三四年，便撒手人寰。年幼的錢乙被姑父和姑母收養。姑父是一位姓呂的鄉醫，掙錢不多，卻醫德高尚。當時的錢乙體弱多病，姑母和姑父對錢乙視若己出，照顧有加。姑父更是精心地調理小錢乙的身體。

錢乙

等錢乙再年長一些的時候，姑父呂醫生每次出診，也都帶上錢乙，將一些病症及草藥講給錢乙，並開始讓錢乙讀書。細心的姑父發現，每次帶著錢乙給小兒看病的時候，錢乙在表情上都有所不同，時常流露出痛苦的表情來。姑父問錢乙原因，是否因為小時候體弱多病，深有感受？錢乙道出自己的想法，誓為小兒醫病，開始苦讀醫書，跟隨姑父學醫。

當時所有的醫家都知曉，小兒的疾病是最難治療的。原因有三：第一，小兒語言表達能力有限，無法準確描述病症及病痛部位；第二，小兒脈相細微，很難依靠診脈來辨證；第三，小兒與成人不同，無論是臟腑還是筋骨，發育未完全，在藥物的用量上難以掌握。 所以，小兒科又被醫生們叫作"啞科"，是最難治療的一類。這也是當時小兒死亡率高的原因，一般小兒得了疾病，不是被耽誤了治療就是治療有誤，病死率很高。

錢乙的姑父呂醫生給了錢乙一本《顱囟經》，這是歷史上為數不多的關於小兒科的醫書，為扁鵲所著，後遺失，又由中古巫仿寫而得，錢乙如獲至寶，反覆研讀。錢乙讀書刻苦，其他醫著也是讀了個透，如 《黃帝內經》《傷寒雜病論》《神農本草經》等，通過研讀這些經典的醫著來不斷地豐富自己的醫學知識。錢乙還跟隨姑父呂醫生給人治病，上山采藥，認識各種草藥，在實踐當中學習。

最終，錢乙終於成為一位遠近聞名的傑出的小兒醫學家，並且留有重要的理論和著作。他在自己的著作《小兒藥證直訣》中說道，襁褓中的嬰兒和幾歲大的孩童，治病時一定要注意，一定要專業。於是，這樣做小兒醫生，一做便是40年，可見錢乙對待小兒科所耗費的精力和心血，同時也實現了自己成為小兒科名醫的心願。

而錢乙最初的啟蒙老師呂醫生，大概從來都沒想過這位養子亦作為弟子，能夠青出於藍而勝於藍，成為有名的小兒科醫生。呂醫生沒有兒子，死後，錢乙為他裝殮埋葬，穿上孝服為其守喪。

2. 為皇子公主治病

有一年，宋神宗的姐姐長公主的女兒生病，這可急壞了上上下下的一大群人。在當時，孩子的成活率很低，即使皇室，也是如此。比如皇帝宋神宗，共育有14個兒子，10個女兒，然而，只有8個兒子和3個女兒平安長大，其他全部早夭。長公主的女兒一病，周圍自然籠罩上了陰霾，大家認為也許很快，這個小生命就要離開人世了。

這時，有人對長公主說，聽民間傳聞，有一個很出名的小兒科大夫叫錢乙，也許能有些辦法。長公主一聽，哪裡肯放過一線希望，趕緊叫人去把錢乙找來。

錢乙不明就裡地就被請到了駙馬府，聽說當時錢乙剛剛喝了酒，還處於微醺的狀態，直到看到病怏怏的孩子，才清醒了一大半。錢乙經過一番診斷，對焦急的長公主和駙馬說：是瀉痢。"他們一聽，覺得這孩子大概沒救了，因為小兒患上瀉痢，隨時都會有生命危險。然而錢乙卻說：沒問題。"

駙馬一聽就急了：都這樣了你還說沒問題？"錢乙說：不用擔心，很快她就會發疹子，等疹子發出來，就好了。"駙馬原本已經是在火頭之上，一聽錢乙本來說是瀉痢，怎麼又會發疹子，真是前言不搭後語，於是將這個醉醺醺滿嘴胡話的"江湖騙子"轟出了駙馬府。

第二日，孩子的身上果然發了疹子，但是精神狀態較之前已經好了許多。長公主和駙馬大喜，連忙去請昨日那位神醫。當人去請錢乙時，錢乙已經端坐在家中，旁邊擺著已經配好的藥，說：早就料到你們會來，把藥拿去吧，孩子吃了就會好。"果不其然，孩子吃了錢乙開的藥之後不久，就痊癒了。

後來，長公主找到錢乙，問錢乙是如何給自己的孩子診斷和治病的，這麼神奇，簡直就是將孩子從閻王那里拉了回來。錢乙不慌不忙道：其實早在為孩子診病的時候，就已經看到了身體上有發紅的疹點，疹子外發毒邪有外透之機，這時再用藥加以治療，將毒邪驅除體外，病自然就好了。"

長公主備感欣慰，認為這樣一個優秀的小兒科大夫，是難得的人才，便將錢乙安排到翰林醫官院中一個九品的小職位上工作。官職雖小，但錢乙身在其中，面對大量的珍貴醫書典籍，得以有機會進一步學習。

就在長公主的女兒病癒一年之後，皇帝宋神宗的兒子又生病了。太醫院對小皇子的病束手無策，一群人忙活來忙活去，就是不見小皇子的病情有所好轉。宋神宗大怒，平日裡不可一世的太醫們，到了真正用的時候，卻一點用處都沒有。

長公主聽聞此事後，對宋神宗說：我倒是知道一個人，去年我女兒的重病，就是這個人醫治好的，不妨叫他來試試。"宋神宗聽聞此言，如同當初的長公主一樣的心態：反正這麼多太醫院的人都治不好，不妨叫那個人來試一試。

於是，錢乙被傳到宮中，但這次面對的小患者，是皇帝的兒子，這種壓力十分巨大，和給尋常百姓看病完全不同。錢乙擔心看不好就要掉腦袋，自己又沒有那些太醫院的太醫們位高權重。

錢乙被帶到小皇子的身邊，安神定志後，仔細查看小皇子的病情，原來是民間所說的"抽風"，而且病得不輕。錢乙當即說"當用黃土湯。"周圍的太醫們紛紛露出驚詫的神色來，宋神宗更是勃然大怒，道"黃土豈能用藥？荒唐！"

而這黃土湯，確實有此方，它是東漢醫聖張仲景的方子。張仲景用此方來治療中焦脾氣虛汗導致的便血症，而這裡的黃土也的確是土，但並非一般的黃泥。這裡所說的黃土，指灶心土，是久經柴草熏燒過後灶底部的土塊，將土塊取下，刮去外面熏黑的一層，裡面即為灶心土，實為一種鋁化合物。

錢乙的解釋是，太子的病由體內風邪而起，用補土的方式來克制水濕的氾濫，這樣一來，木也就可以正常了。也就是說"以土勝水，木得其平，則風自止"。宋神宗一聽，似乎有那麼幾分道理，不妨試一試吧。於是，先熬了灶心黃土，再用熬得的黃土水熬剩下的藥物，讓皇子服用了下去。其他的太醫本想等著錢乙出醜，以為可以好好笑話他一番，可是出乎所有人的意料，皇子在服用了黃土湯之後，疾病袪除，身體痊癒了，而這一切，都在錢乙的意料之中。

宋神宗指著那些毫無作為的太醫們，對錢乙說：來，講講你治療疾病的經驗吧。"似乎是對那些窘迫的太醫們說：還是向錢乙多學習學習吧。"但錢乙十分謙虛地說：諸位太醫其實已經把皇子的病治療得差不多了，我只是在適當的時機加了一把小勁兒。"如此一來，給足了各位太醫面子，太醫們也好有個臺階下。

宋神宗已經親眼見識了錢乙高超的醫術，再加上長公主的描述，當即就將錢乙升為太醫院的太醫丞，並賞賜紫金魚袋。太醫丞在太醫院中地位已經十分高了。紫色金魚袋，則是唐宋時期的一種根據官銜和品名而佩戴的飾物，三品以上，穿紫袍，佩金魚袋，也可用來表示一種榮譽。由此可見，宋神宗對錢乙的重視程度之高。

錢乙治癒小孩子病症的事例不勝枚舉，這全部得益於其精湛高超的醫術和對小兒雜難病症孜孜不倦的學習和研究。

3. 不凡成就

相信一說到六味地黃丸，大家都不會陌生，就現在來說，仍然是十分常用的滋補肝腎的藥物。但大家也許還不知道，這味藥的創始人，就是小兒科專家錢乙。

自從錢乙治好了皇子的病，做了太醫院太醫丞之後，經常遭受到太醫院中其他太醫的排擠。這些太醫一般都是名醫的後代，靠著門第進了太醫院，而肚子裡的墨水和技能卻趕不上他們的祖先，但他們還是十分瞧不起這個鄉醫出身的錢乙，認為他只是一時幸運，才治好了太子的病。太醫們經常拿一些藥材來"詢問"錢乙，實為刁難，想讓錢乙出醜。可是錢乙熟讀《神農本草經》，草藥的功底十分扎實，從未被考倒過。

有一次，一位太醫拿著錢乙曾經開過的方子來找錢乙，帶著嘲諷的口吻問錢乙：錢太醫，張仲景曾在《金匱要略》中記載的這個方子，一共有八味藥的，您看看，您是不是少開了兩味藥呢？"錢乙接過方子一看，自己在方子上開的地黃、山茱萸、山藥、茯苓、澤瀉、丹皮，確實比張仲景八味丸的方子少了兩味藥。錢乙緩緩說道：張仲景的這個方子為成人所用，我開的這個是為孩子所用的。幼兒陽氣足，所以我拿掉了肉桂和附子這兩味益火之藥。"那位太醫一聽，簡直羞愧得不得了，連忙對錢乙說：還是錢太醫不拘泥於方，用藥靈活，實在佩服！"

錢乙為小兒開的這個方子，就是著名的六味地黃丸，後被收錄記載在《小兒藥證直訣》當中。錢乙去世6年之後，他的弟子閻季忠又將錢乙生前的學術理論、治療方案及

六味地黃丸其中一味藥材：茯苓

藥方進行搜集和整理，結集成書《小兒藥證直訣》。這本書共分為3卷，上卷主要為脈證，中卷為所治療的病例案例，下卷則為方劑。

《小兒藥證直訣》在中醫小兒科之中，有好幾項"第一"。第一次記載了如何辨認麻疹和百日咳的區別；第一次將兒科病例具體化；第一次從皮疹的特點辨別天花、麻疹以及水痘；第一次運用五臟辨證法專為小兒辨證的理論。另外，書中還記載了許多新生兒的疾病，以及小兒因營養不良而產生的諸多功能障礙症，為醫者醫治小兒疾病必定參考的書目。《小兒藥證直訣》是我國中醫史上現存的最早的兒科醫書，也是世界上現存的最早的兒科專著，意義和價值極大。

錢乙活到82歲高齡，一生都致力於治病救人，尤其是在鑽研小兒科的病症治療上，他的願望就是"幼者無橫夭之苦，老者無哭子之悲"。除了《小兒藥證直訣》之外，錢乙著作頗豐，但遺憾的是，其撰寫的《傷寒指微論》《嬰孺論》《錢氏小兒方》均已遺失。但僅一部《小兒藥證直訣》，便是中醫裡小兒科的一個重要科別的里程碑。

七、法醫之祖——宋慈

宋慈（1186年—1249年），字惠父，福建建陽縣人，南宋時期著名法醫學家，被人們尊稱為"法醫學之父"。晚年著書《洗冤集錄》，是其一生歷經案件後，總結出的寶貴經驗。《洗冤集錄》不僅是中國第一部法醫學專著，在世界上也是首部。西方普遍認為，"法醫鑒定學"為宋慈於1235年開創。

1. 家族的影響與教育

宋慈出生在一個大家之中，在當時屬中等官僚家庭。其父宋鞏官至廣州節度推官，祖上也多官員出身，可一直追溯到唐代。

宋慈的父親為其取名宋慈，字惠父，"慈"與"惠"代表了父親希望其將來能夠恩德慈及百姓，"父"即為做百姓的父母之官，名垂青史。這是父親曾經被家族給予的希望，如今，父親又把這種厚望寄託在宋慈的身上。而這種來自於家族的影響與教育，對宋慈來說，的確在他的人生道路上起到了重要的警醒作用。

宋慈

宋慈有一個幸運之處，就是他和著名的理學家朱熹為同鄉，同居於建陽。宋慈少年時期拜吳稚為師，吳稚之師即為朱熹。如此一來，宋慈能夠接觸到許多名流學者，也深受朱熹理學思想的影響。

20歲時，宋慈進入太學，其師真德秀是繼朱熹之後的理學正宗傳人，他與當時另一位理學大師魏了翁在確立理學正統地位的過程中發揮了巨大的作用。真德秀不久就發現宋慈才思敏捷，文章之中自有一番真情，十分看重宋慈。宋慈也不負厚望，在31歲時中了進士，開始了仕途生涯。

宋慈為官期間，多次為百姓做實事，體察民情，為百姓出頭懲治當地的豪強霸主。宋慈不負"慈"與"惠父"之名，在災荒之年，打開富豪的糧倉，分與百姓，這也使得宋慈深得民心。

2. 四次擔任高級刑法官

宋嘉熙三年（1239年），53歲的宋慈升任司農丞知贛州。次年，任廣東提點刑獄，主要掌管刑法獄訟。宋慈一到任，便開始著手處理懸案積案和冤假錯案。由於當時的官吏多不作為，所以積留下大量的獄案。宋慈判斷案件嚴肅而果斷，不畏懼強權，鐵面無私，處理案件效率極高，僅僅上任8個月，就解決了200餘例案件。宋慈還為一些屈打成招的冤假錯案平反，使被冤枉的人得以洗冤，深得百姓愛戴。

在這之後，宋慈又被調到江西，任江西提點刑獄兼贛州知縣。宋慈到任後，仍舊雷厲風行，對犯案之人絕不手軟，對影響秩序的人嚴加懲治，一時之間，百姓安居樂業，民間呈現安泰之勢。

宋慈第三次被調，任廣西提點刑獄。期間，宋慈不畏艱辛和勞苦，深入調查和瞭解，對案件進行追蹤，不放過任何細節，經常將同一案件審了又審，反覆進行現場勘查。

有一次，一具佈滿刀傷的屍體橫陳在路旁，人們都認為是遭遇強盜所為。但檢視衣物發現，錢財衣物並未減少，所以排除了強盜所為這一推測。宋慈差人叫來死者的妻子，其妻說，死者與債務人之間曾發生過爭執。宋慈每每辦案，都講究證據，於是，在思考之後，他下令要全村的人將鐮刀交上來，如果有拒不上交的，那必定就是有隱情了。村民一聽如此，都積極主動上交鐮刀，足有七八十把。宋慈指著一把鐮刀說：把這把鐮刀的主人帶來。"一看來人，果然是債務人。債務人抵死不承認，說不是自己殺的人。宋慈橫眉怒目道：看看你的這把鐮刀！"眾人一看，當時正是盛暑，上面有蒼蠅在飛來飛去。宋慈說：還抵賴不是你，殺人血腥之氣還未消散，別人的鐮刀怎麼不見蒼蠅圍繞？"在言之鑿鑿的證據面前，債務人只能認罪。

宋慈最後任湖南提點刑獄使，依然秉承其為官清廉公正的作風，聽訟清明，平反冤假錯案無數。他認為，辦理案件必須親自動手，不能因畏懼髒臭的環境而畏縮不前，這樣永遠無法知道事情的真相，尤其是對待屍體的檢驗方面。

宋慈的一生都與司法刑獄有關，長期的刑獄工作，使他積累了豐富的法醫學檢驗經驗，並於晚年撰寫《洗冤集錄》。書中大量的法醫學檢驗方法，為後世提供了寶貴的法醫檢驗經驗，對日後的法醫學發展有相當重要的影響。

如今，宋慈的事蹟經常被搬上螢屏，人們不僅僅對其辦案的神奇之處感興趣，而且其辦案的態度也是今天執法人員應該學習的。

3. 法醫學專著《洗冤集錄》

《洗冤集錄》序言之中，有一句話：獄事莫重於大辟，大辟莫重於初情，初情莫重於檢驗。蓋死生出入之權輿，幽枉屈伸之機括。於是乎決。"其中"大辟"是殺頭之意，意思是說，大辟是很重大的懲罰了，但這種懲罰又基於案情的事實，但犯罪事實必須經過檢驗才能夠認定。所以，檢驗所得出的結果，往往能夠決定生死。對待檢驗，絕對不可以馬馬虎虎，走走形式，必須認真對待。這也是宋慈審案的基本原則和寫作《洗冤集錄》的目的。

宋慈採擷古人的《內恕錄》和《折獄高抬貴手》，再根據自己在實際工作當中的經驗總結，運用醫藥知識，於1247年編撰成《洗冤集錄》，共5卷。這是一本詳細的獄事檢驗參考書，也是我國乃至全世界第一本比較系統的法醫類專著。

宋慈在《洗冤集錄》當中，總結了自先秦以來歷代官府刑獄檢驗的經驗，又根據自己的實際經驗加以細化，更系統、更理論地闡述了刑獄檢驗的方法。其中比較典型的，是對屍檢的論述。

屍檢，即對死去的人診斷死亡原因，推測死亡時間，等等。這比醫生為活人診斷身體疾病難度大得多。所以，原本就博學多才的宋慈，更加勤奮博覽群書，努力掌握科學知識的同時，也努力掌握醫學基礎知識，以滿足工作需要。

宋慈對屍體檢驗方面的論述十分全面，無論暴力致死還是非暴力死，死前傷還是死後傷，是自縊還是他人勒死，都做了詳盡記錄，基本和今天的法醫學理論判斷一致，科學吻合度較高。

比如宋慈在論述是生前溺水還是死後被丟入河中的鑒別時說，如果生前溺水的話，死者必定有掙扎的過程，手腳的指甲縫隙當中會留有淤泥，身上會有碰傷，肚子會因嗆水而微脹，口鼻之中也有泥水沫；而如果是死後被推入水中，那麼肚皮不會發脹，手腳指甲縫中也沒有淤泥，且拳頭不會緊握，口鼻有孔之處不會往外流水，如果身上還有傷痕，則呈現出黑色。宋慈所描述的基本上和今日的法醫學檢驗相吻合。

另外，為了檢驗屍體，宋慈對毒理學也頗有研究。書中記載了各種中毒的症狀以及毒物的檢驗方法。如果死者是中毒身亡，往往面色發黑或青紫，或耳鼻口等有孔之處有血流出，或指甲呈藍色，口與眼微微張開。中毒跡象並不明顯的，宋慈也在《洗冤集錄》中有所記載，凡是檢驗中毒而死的屍體，或者服毒已久，蘊積在身體之內檢驗不出來的，必須先用銀釵探入死者的喉嚨，再用一種特定的試劑順著銀釵導入，如果是中毒而亡的話，銀釵便會逐漸變為黑色，這是檢驗屍體是否中毒的方法。

當然，《洗冤集錄》中的內容也並不完全是科學的，比如宋慈檢驗是否親子是用滴血驗親的方法，將孩子的血滴在父母的骸骨之上，如果是親生，那麼血就會滲入骸骨之中。如今看來，科學依據並不充分。

但無論如何，宋慈的《洗冤集錄》在檢驗醫學上做出了傑出貢獻，是千百年來人們從事獄事檢驗的重要參考依據。《洗冤集錄》自問世以來，被翻譯成日、德、英、俄、朝等多國文字，影響世界法醫學的發展，而宋慈，也是當之無愧的"世界法醫學奠基人"。

八、養陰學派創始人——朱丹溪

朱丹溪（1281年—1358年），字彥修，名震亨，因為家鄉的一條名叫丹溪的小河而得此名，元代著名的醫學家。朱丹溪與劉完素、張從正、李杲被後人譽為"金元四大家"，醫術十分高明，醫學理論突出，後專有學派名為"丹溪學派"，即尊崇他的醫學理論思想的中醫派別。

1. 千里求師

朱丹溪出生在書香門第，但朱丹溪的童年，卻恰逢宋亡之時，戰亂頻多，也使得朱丹溪的家中苦難頻多。朱丹溪還未成年，父親便因病去世，他和弟弟兩人由母親撫育成人。母親戚氏為人堅強，也如此教育朱丹溪兄弟兩人。朱丹溪在母親的教育和影響之下，為人剛正不阿，成年之後更是透露出豪爽之氣。

20歲的朱丹溪，做義烏雙林鄉蜀山裡裡正，常為民出頭，深得百姓愛戴。他堅決抗拒官府的苛捐雜稅，官府拿他也沒有辦法。30歲時，朱丹溪的母

朱丹溪

親戚氏生病,這讓朱丹溪一時之間慌了手腳。找來的醫生,多為庸醫,都是照搬前人醫書上的藥方,開出的藥方大同小異,母親吃下去一直都不見好。

朱丹溪一面對這些庸醫感到無比失望,一面又為遲遲不見好轉的母親而擔憂,索性自己拿起醫書來苦讀。朱丹溪本就聰慧過人,小的時候便能過目成誦,日記千言,再加上朱丹溪勤奮有加,遂將《素問》反覆研讀。經過數年的研究,朱丹溪的醫學知識大有進步,母親的病也被他調養治癒。朱丹溪經歷了這一事,內心有很大的觸動。

母親病癒之後,朱丹溪拜著名的理學家許謙為師,跟隨許謙學習理學。朱丹溪一邊學習理學,一邊又參加了兩次科考。然而命運並不寵著朱丹溪,兩次科考全部失敗了。此時朱丹溪已是不惑之年,毅然決定放棄科考仕途,轉而專心苦讀醫學,從事醫學事業。

朱丹溪不遠千里,踏上了拜師的道路,他並沒有具體的目的地,只是想要找到一位名師,然後就留下來。然而朱丹溪路過浙江、吳中、宛陵、南徐、建業,都沒有遇到名師。這時,他聽說杭州有一個羅知悌,是金代名醫劉完素的得意門生,醫術精湛,學識豐厚,對著名的醫學家張從正和李杲的理論頗有研究。朱丹溪聽聞如此,大喜,一刻不停地上路,前往杭州拜師學醫。

終於抵達杭州的朱丹溪,並沒有如願見到羅知悌。想必像朱丹溪這種慕名而來拜師羅知悌的人實在太多了,再加上羅知悌年歲已高,就是不見朱丹溪。朱丹溪日日都立在羅知悌的門外,風雨不誤。10餘次之後,羅知悌終於將朱丹溪請入,兩人正式見面。

兩人相談甚歡,羅知悌發現朱丹溪肚子裡墨水濃厚,而對於學醫的願望也十分強烈。於是,羅知悌將其一生的臨床經驗總結和醫學研究理論,及對張從正、李杲以及劉完素三大著名醫者著作的研讀精解授予朱丹溪,並且要朱丹溪跟隨他出診,在具體的實踐過程當中指導朱丹溪。朱丹溪在短時間內進步很快,對中醫的理論也收穫頗豐。

可惜的是,年邁的羅知悌在朱丹溪拜師一年半之後,便仙逝了。朱丹溪安葬了師傅,回到了遠方的家鄉,開始以醫生的身份出現在世人面前。由於其醫術高超,很快便名傳千里,成為名醫。

2. 創立養陰學派

朱丹溪最主要的理論學說就是"陽常有余，陰常不足"和"相火論"。將"陽常有余，陰常不足"這句話引申一下，就是"氣常有余，血常不足"。所以朱丹溪提倡，順應陰陽之理。另一思想"相火論"中，他認為"相火"為肝腎專司，是人體生命活動的原動力，如果"相火"越位而妄動，則會產生許多疾病。因此，朱丹溪主張，無論是前一種"陽常有余，陰常不足"理論，還是"相火論"理論，滋陰十分重要。他還把早年求學於許謙的理學應用於其中，要求病患"主靜""收心""養心"。這也與《黃帝內經》當中的"恬淡虛無，精神內守"的主張一脈相承。

朱丹溪對著書的態度十分嚴謹，他害怕著書之後，後人照搬或拘泥於書中的方劑，就如同當初其母生病，那些照搬藥方的庸醫一般。但67歲的朱丹溪，在理論的見解之上更加精粹，在其弟子張翼的多次請求之下，朱丹溪開始著書《格致餘論》。

《格致餘論》是朱丹溪的代表作品，學術觀點完整，關於滋陰降火的理論論述內容豐富。《格致餘論》當中共收醫論42篇，能夠體現出朱丹溪的大部分醫學思想理論。其中《陽常有余陰常不足》和《相火論》這兩篇為主要內容，提倡養陰降火的重要性，確立了滋陰降火的基本原則。而其他的篇幅如《養老論》《慈幼論》等也是從養陰的觀點入手，論述養陰在養生保健中的重要作用。

朱丹溪的"相火論"，是在劉完素的"火熱病機"的基礎之上，參照"太極"之理，再加之自己的感悟，進一步闡述得來的。朱丹溪在這一理論的推動之下，積極研究如何滋陰降火，也發現了許多有價值的用藥，如龜板。朱丹溪發現龜板這一藥材有滋陰的功效，便以龜板為主藥，再用知母、熟地等藥材，配製出了大補陰丸，滋陰降火功效顯著，至今仍被使用。後人也將龜板譽為"大補真水，為滋陰第一神品"，

龜板

被醫家廣泛使用。

朱丹溪著書《格致餘論》之後，又著有《局方發揮》《傷寒論辨》《本草衍義補遺》和《外科精要發揮》，但《傷寒論辯》和《外科精要發揮》今已遺失。

3. 醫史中的地位及影響

後人有一句話是用來形容對朱丹溪的懷念的：雲山蒼蒼，高風不磨，世遠彌聲，仰止者多。"現在朱丹溪的家鄉赤岸，建有朱丹溪的紀念堂和丹溪陵園，供後人祭祀。

朱丹溪與劉完素、張從正、李杲被後人一同譽為"金元四大家"，可見其理論學說對中醫學的影響。對於朱丹溪過分強調"陽常有餘，陰常不足"這一理論，後人評價褒貶不一。貶則認為他沒有考慮到"陽不足"的情況也是存在的，有失偏頗，但總體來說，還是褒多過於貶。

後世醫家推崇其學說理論，還成立了"丹溪學派"，在其學說的基礎之上，繼續深化和闡述，應用於臨床醫學，在明代成為主流學派，影響很大。明清時期，眾多醫者遠道而來，專門祭奠朱丹溪。朱丹溪的理論不僅在國內產生巨大影響，也流傳到國外，比如在日本成立的"丹溪學社"，專門研究朱丹溪的學說理論。

朱丹溪一生坎坷，少年遭受家道中落，中年科舉不中，繼而拜名師學醫，名師卻僅僅傳授經驗一年半便去世。但朱丹溪一生積極向上，從不消極對待困苦，自強不息，面對目標發憤圖強，不達目的不甘休。正是這樣的艱辛付出，成就了一代名醫朱丹溪。無論如何，這種求醫精神，值得後世醫者學習。

九、醫藥大家——李時珍

李時珍（1518年—1593年），字東壁，號瀕湖，湖北蘄州人。李時珍是我國明代著名的醫學家、藥物學家，一生致力於草藥的研究和醫書的編撰，其編著的最為著名的醫著為《本草綱目》，是我國藥物學上的一部宏偉巨著，對中國的藥物學發展起到巨大推動作用。

1. 棄考從醫

出身於中醫世家的李時珍，祖父和父親都是醫生。祖父是"鈴醫"，也就是鄉間搖鈴行醫的醫者，身份地位卑微。李時珍的父親，李言聞，字子鬱，號月池，由於醫術高明，醫德高尚，成為當時的御醫。雖只是御醫當中一個極小的官位，但與李時珍祖父的那種籍籍無名的鄉間醫生比起來，已經是值得驕傲的了。但是，在當時的社會，醫生的地位依然很低下卑微，被豪紳貴族們認為是下九流。

李時珍的父親很希望李時珍能夠走上科舉之路，這樣的話，就可以出人頭地，光耀門楣。而才智過人的李時珍在學習上也顯

李時珍

現出了他天才的一面。14歲時，李時珍便考上了秀才。在古代，秀才是很難考取的，有許多人一輩子最多也就考個秀才。

14歲中了秀才的李時珍，令父親對他有了更高的期許，仿佛中舉人已是勢在必得。然而李時珍從那之後，似乎就再也沒有考取功名的動力了，也不再認真學習八股文。其後的3次科舉考試都連連落第。

第三次落第之後的李時珍，已是23歲。李時珍對父親表明，打算放棄科考，一心和父親學醫，並對父親說："身如逆流船，心比鐵石堅，望父全兒志，至死不怕難。"意思是李時珍自己如同在逆流之中行駛的船，但決心的堅定程度如同鐵石一般，希望父親能夠成全兒子的志向，兒子至死都不怕困難。於是，李時珍的父親答應了李時珍的請求，開始向李時珍傳授醫術。從此，李時珍結束了艱難的科舉之路，踏上了漫長的行醫旅途。

2."搜羅百氏"和"採訪四方"

眾所周知，李時珍人生中的許多時間，都是奔走於各個地方，上山采藥，到處考證。1552年，李時珍開始著手搜集各種材料，為編撰《本草綱目》做準備。

李時珍38歲的時候，在楚王府中做事，兼管良醫所裡的部分事物。三年後，李時珍又被推薦到太醫院，在那裡做太醫院判。可是當時為宮廷服務的太醫院，在部分庸醫的手裡已經變得一塌糊塗。李時珍初到太醫院，見到許多珍貴罕見的醫書和藥物標本，便一門心思地鑽研了起來。李時珍多次建議重新修訂本草，不但沒有被採納，反而屢次被譏笑。他不堪忍受，深知這裡已經是腐朽之地，只做了一年，就離開了太醫院。

回鄉的李時珍開始全力投入到對醫藥的研究之中。有一天，一個人拉著一個江湖醫生來到李時珍面前，氣憤地對李時珍說，這個江湖醫生給他父親開了藥方，父親吃後不但沒好，病情反而加重了。找到這醫生時，醫生還堅持自己沒有開錯藥方。人們信任李時珍，要李時珍看看藥方有沒有錯，說著，還把剩下的藥渣拿給李時珍看。李時珍仔細聞了聞藥渣，又用嘴嘗了嘗，說："這是虎掌啊！"江湖醫生急忙擺手，說自己根本沒有開過這一味藥。這人一聽，立馬察覺出是藥鋪抓錯了藥，要去找藥鋪算帳。

李時珍拉過那人，歎口氣說道：找也沒用的，是醫書上的錯誤，致使人們把虎掌和漏籃子兩味藥混為一談了，所以藥鋪才會出錯的！"圍觀的人無不慨歎，醫書的錯誤，能怪誰呢？既不是江湖醫生的錯，也不完全是藥鋪的錯。

這樣的事情，在李時珍行醫的過程當中，不勝枚舉。於是，李時珍想要重新整理和編撰一本完整的草藥合集的想法日趨強烈。

李時珍和父親說了這個想法，在父親的啟發之下，他明白醫書典籍上的內容固然重要，但是實踐卻也必不可少，必須走到現實當中，親自去體驗和查看，以便認知藥物的真相和鑒別藥材的真偽。於是，李時珍踏上了"搜羅百氏"和"採訪四方"的道路。在徒弟龐憲和兒子建元的陪同下，李時珍深入民間和深山，一面尋找名醫宿儒，探尋醫方藥方，一面採集草藥收集標本，觀察和整理草藥的特性。

李時珍開始時在家鄉蘄州一帶訪問和採集，不久之後，他無法滿足於此，開始去往更遠的地方，如江蘇、蘇州、安徽、河南等地。"遠窮僻壤之產，險探麓之華"是後人描述的李時珍四處走訪的情景。

李時珍每到達一個地方，都要虛心求教，無論對方是農人、漁人，還是獵人。他不放過每一個詢問的機會，因為他相信每次詢問和走訪，都有可能得知一種新的藥物或治病方法。比如《神農本草經》提到過一種草藥的名字，叫作"芸苔"，是治病的常用藥。可《神農本草經》當中卻語焉不詳，而諸多注釋也解釋不清。於是，李時珍便到處詢問，終於在一個種菜的老農口中得知，原來芸苔就是油菜，即一種前一年埋種，第二年開花的植物。李時珍在老農的指引之下，仔細觀

李時珍四處尋訪

察了芸苔的長勢和樣態，在《本草綱目》當中，對芸苔這種藥物做了清晰而詳盡的解釋。

李時珍對待每一種藥物，都是必須親自看到實物，再和古書上進行對比，仔細觀察，再親自體驗，才會最終下結論。這樣一來，原來古書上含糊不清的藥物，在李時珍反復研究之下，得到了修正和更加詳細的注釋，而且其中還有許多重大發現和突破之處。

明萬曆六年（1578年），李時珍完成了這部曠世巨作《本草綱目》的編寫，全書共190多萬字，李時珍時年61歲。但遺憾的是，李時珍並沒有看到自己的這部巨著刊行。明萬曆

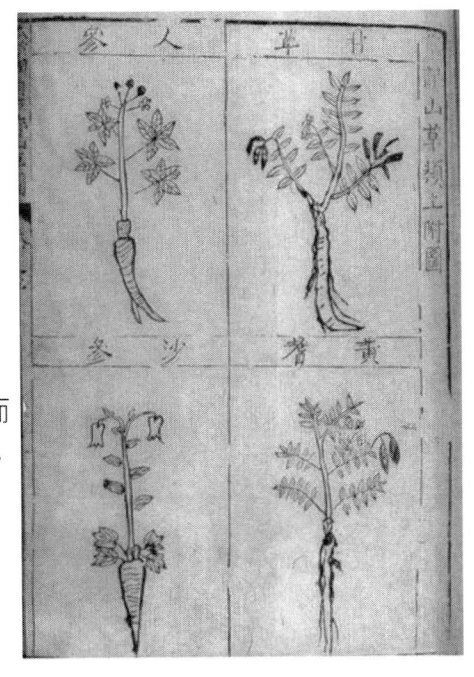

《本草綱目》附圖

二十一年（1593年），75歲的高齡老人李時珍辭世，而《本草綱目》還在刻版當中，三年之後，這部巨著才完成了印刷。

《明史》卷299，列傳第187中記載道：曆三十年，閱書八百餘家，稿三易而成，書曰《本草綱目》，增藥三百七十四種，釐為二十六部，合成五十二卷。"這凝練的一句話，說的便是李時珍和《本草綱目》。

直到今日，李時珍的故鄉蘄州一帶，還有專為紀念李時珍而修建的陵園。每年清明，許多中醫都會去祭拜，紀念這位為中醫學發展做出巨大貢獻的一代醫藥學家。

十、溫醫名家——葉天士

葉天士（1666年—1745年），江蘇吳縣人，名桂，號香岩，是清代四大溫病學家之一。

1. 世代醫家

葉天士出生在一個醫學世家，他的祖父和父親都是醫生。葉天士的祖父葉紫帆，德行高尚，有良好的醫德，同時又是出了名的孝子。葉天士的父親葉陽生博學多才，醫術十分精湛。葉天士12歲開始跟隨父親學醫，決定繼承家業，也做一名像父親一樣醫術高明的醫生。

葉天士聰穎好學，讀書十分刻苦，不僅熟讀《黃帝內經》和《難經》，對其他醫家的經典醫學著作也有涉獵。

但不幸的是，葉天士的父親還不到50歲就去世了，當時的葉天士，年僅14歲。一下子沒有了依靠的葉天士，生活也變得窘困起來，但他沒有放棄學醫的道路，開始拜父親的門人為師，繼續學習醫術。因為家貧，葉天士不得不嘗試著為人治病來支撐生活。

葉天士

葉天士勤奮好學，也十分謙虛，所以，他總是要拜比自己醫術高的人為師。只要是有一方面強於他，他就要好好地拜此人為師，認真學習。從父親去世之後，一直到葉天士18歲，他一共拜過17人為師，包括周揚俊、王子接等當時的名醫。

2. 師門深廣

葉天士師門深廣，基本上已經是人人皆知的事情了，也正是因為他為人謙虛、虛懷若谷的美好品格，造就了他高超的醫術。

有一次，葉天士的母親患病許久，葉天士一直精心治療，但不見好轉。葉天士開始發起愁來，一日，他問僕人，是否聽聞城中有學問高深卻不怎麼出名的醫生。僕人說：後街有一個章醫生，經常對人誇下海口，說自己的醫術比你要高明，可是找章醫生看病的人卻並不多，也沒見他多出名。"

葉天士大喜，竟然口出此言，那必定是有一定才華的了。於是命僕人去請章醫生，並告知老太太病危告急且整日口中喊著"黃連"。

章醫生來後，為葉天士老母把脈，又看了老太太之前吃過的藥方，說："藥、症相合，按理說應該發揮效果，治好疾病。但是老太太的疾病是由於熱邪鬱積於心胃之間，藥當中需要加上一味黃連。"

葉天士不解，說道：雖然我也知藥中需要加入一味黃連，但老母親已經上了年歲，我怕黃連滅了真火。"章醫生說：老太太兩尺脈長而有神，本元堅固，你怕什麼呢？對症下藥用黃連，又有何不可？"

葉天士一聽此言，恍然大悟，十分贊同章醫生的話。於是下了加入黃連的方子，給老母親喝。服用了兩劑藥，老母親的病就已經好得差不多了。此後，葉天士常對人說：章醫生醫術比我高明，可以請他診病。"

葉天士在不到30歲的時候，就已經是遠近聞名的醫者，不僅精於家傳的兒科，對溫病學的研究尤其深刻。

清代乾隆之後，江南一帶出現了一批以研究溫病學而聞名的學者，精於溫病學理論。而這一批溫病學學者，以葉天士為首。葉天士是溫病學的奠基人之一，對溫病學的發展有著巨大的貢獻，後來被人尊為"溫病四大家"之一。

葉天士在前人的基礎之上，歸納和總結了溫病學說，開創了治療溫病的途徑。葉天士尤其擅長治療時疫和痧痘等病，是我國最早發現猩紅熱的人。並在雜病方面，補充了李杲《脾胃論》中關於詳細論述脾而忽略了胃的重要性的不足，提出了養胃陰的說法。

清代以前，醫家多強調張仲景的《傷寒雜病論》，到了明末清初，吳又可的《瘟疫論》，將傷寒和瘟疫開始區分開來，卻沒有劃分具體的界限。葉天士在研究溫病學之後，著書《溫熱論》，首次對溫病的病因、感染途徑和變化規律加以詳細闡明，至此徹底劃分開了傷寒和溫病。清代名醫章虛谷評價葉天士的《溫熱論》時說，它不僅僅是後學指南，而且彌補了張仲景之書的不全，功勞很大。

另外，葉天士還有其他著述，如《醫效秘傳》《葉氏名醫論》《葉天士家傳秘訣》《景岳發揮》《葉選醫衡》等。因葉天士整日忙於為病患診病，所以其中有許多著述，是葉天士的門人和弟子搜集和整理的結果。

葉天士將自己的著作和醫術流傳於後人，不斷開枝散葉，使更多的人受惠。

3. 培養醫學人才

葉天士成為名醫之後，許多人慕名而來，拜葉天士為師，跟隨葉天士學習。而葉天士高超的醫術和高尚的醫德，也不斷地影響著前來學醫的門生和後人。

在葉天士的培養之下，他的門下出現了許多德才兼備、濟世救人的醫生。有史評價葉天士稱：大江南北，言醫者輒以桂為宗，百餘年來，私淑者眾。"葉天士的醫學理論和發現，以及他對溫病學獨到而深刻的見解，影響著一批又一批醫學者。

葉天士的兩個兒子，葉奕章和葉龍章，也繼承了父業，跟隨父親習醫，並成為名醫。葉天士在臨終之前，對他的兒子說了以下一番話：醫可為而不可為，必天資敏悟，讀書萬卷，而後可借術濟世。不然，鮮有不殺人者，是以藥餌為刀刃也。吾死，子孫慎勿輕言醫。"意思是"作為醫生，必須天資聰穎，敏而好學，多讀書，才能夠給人治病。要不然，就會以藥作為工具，行殺人之事。我死之後，我的子孫們可千萬別輕易做醫生"。葉天士以此言警示他的兒子和後人，更是他臨終之時對從醫行業的心得體驗和肺腑之言。

後來在溫病學的發展之中，逐漸形成了以推崇葉天士的醫學理論而自成一條脈系的學派——葉派。葉派在中醫流派當中是一支重要的流派，在醫學史上發揮著舉足輕重的作用。

第三編　影響深遠的中醫典籍

　　每一本醫書典籍的背後，都有著特定的時代背景，都凝結著艱辛與汗水。有了這些醫書典籍，我們才能更好地瞭解我國中醫傳統文化。這些智慧的結晶，也給後人帶來了無數寶貴經驗。

一、最早的中醫典籍——《黃帝內經》

《黃帝內經》的成書時間至今未定,一般被認為成書於春秋戰國時期,是中國現存最早的中醫理論著作。

1. 成書背景

經後人研究,《黃帝內經》非一人一時之作,成書年代也十分久遠,因此書的保存便成為難題。我們今日所見的版本,並非完整版本。

關於已經失傳了的《黃帝內經》,有這樣一個傳說。相傳,黃帝時期,有三位醫生,其中有兩位是我們熟知的岐伯和雷公,另一位是餘跗。據說這位余跗比岐伯和雷公名氣都要大,醫術十分高明,尤其是在外科手術方面,造詣頗深。

有一次,餘跗在過河的時候,遇到了一群人剛剛打撈上來一具被淹死的女屍。餘跗上前問:這女人掉到河水裡有多長時間了?"那群人答:落水時間不長,撈上來就沒有氣息了,正準備下葬。"

余跗讓人們將女人抬到河岸邊放下來,平躺在地上,開始摸女人的脈搏,查看女人的眼睛。然後讓人找來了繩子,將女人雙腳綁好,整個人倒著吊在了樹上。剛吊起來,女人就大口大口地吐出水來。等吐乾淨了水,餘跗又讓女人重新平躺在地上,用髮絲放在女人的鼻前。過了一會兒,髮絲開始微微活動,餘跗知道,女人已經有了鼻息,便告訴家人,女人已經救活了,可以帶回家好好調養了。

《黃帝內經》

　　這便是古時人們治病救人的智慧。遠古的人們也將這些寶貴的經驗和智慧記錄了下來，並結集成書流傳下來，指導後人，為後人留下了珍貴的智慧遺產，也就有了我們祖先留存下來的偉大的醫學典籍——《黃帝內經》。

　　《黃帝內經》是醫家托軒轅黃帝之名，引用大量古文獻，以黃帝、岐伯、雷公對話和問答的形式，來闡述病理病機的。在《淮南子·修務訓》中說"世俗之人，多尊古而賤今，故為道者，必托之於神農、黃帝而後能入說。"《黃帝內經》中的"黃帝"即由此而來。

　　對於《黃帝內經》的成書時間，有諸多爭議。有的認為，《黃帝內經》成書於先秦、戰國時期，有的認為是戰國、秦漢時期，還有的認為是成書於西漢時期。他們通過對比《黃帝內經》《周禮》以及《史記·扁鵲倉公傳》，發現這三本書裡的思想具有一致性，應該年代相近，得出結論是《黃帝內經》應該是出自先秦，而不可能遲於扁鵲之後。張仲景在《傷寒雜病論》中有引用《黃帝內經》中的內容，所以成書之時，也必定是在張仲景所在的東漢末年之前。

　　根據《黃帝內經》書中的內容篇幅發現，這本書是由多個醫者，在不同的時期完成的醫學著作的總結。其中的文章既有成於戰國時期的，也有成於秦漢時期的。

　　《黃帝內經》中關於《素問》的命名原因，有解釋說："素者本也，問者黃帝問岐伯也。方陳性情之源，五行之本，故曰《素問》。"而《靈樞》最原本的名字叫作《針經》，有許多古人在引用《黃帝內經》中《靈樞》這部分時，因其主要是研究針刺的內容，所以常常將"《靈樞》曰"說成是"《針經》曰"，此中《針經》即《靈樞》。如晉代皇甫謐便稱之為《針經》。

2. 書中內容

"黃帝曰'陰陽者，天地之道也，萬物之綱紀，變化之父母，生殺之本始，神明之府也。'"

"故曰：天地者，萬物之上下也；陰陽者，血氣之男女也；左右者，陰陽之道路也；水火者，陰陽之徵兆也；陰陽者，萬物之能始也。'"（《素問·陰陽應象大論》）

"夫百病之始生也，皆生於風雨寒暑，清濕喜怒，喜怒不節則傷臟，風雨則傷上，清濕則傷下。三部之氣所傷異類，願聞其會。"（《靈樞·百病始生》）

以上是《黃帝內經》中的內容，以古代的解剖知識和哲學思想為基礎，長期和疾病做鬥爭得出經驗，在實踐中不斷完善診療疾病的方法，對我國上古醫學進行了全面的總結。

《黃帝內經》分為《素問》和《靈樞》兩個部分，《素問》和《靈樞》也是兩個不可分割的部分，相輔相成，各卷81篇，共80余萬言。內容上引用古代醫籍頗多，50餘種，有《經脈》《揆度》《終始》《五色》《上經》《下經》《奇恒》《陰陽》等，全面、系統地總結了先秦時期醫學理論和經驗。

《素問》中重點論述了臟腑、經絡、病因、病徵、病機、診斷方法、治療原則以及針灸等。《素問》的名稱最早見於張仲景所撰寫的《傷寒雜病論·自序》。張仲景說：撰用《素問》《九卷》《八十一難》《陰陽大論》《胎臚》《藥錄》。"之後，《素問》的名稱沿用至今。

《靈樞》最開始時被叫作《針經》，有《九虛》《九卷》《九靈》《針經》等系統。但這些在隋唐時期，就已經亡佚了。《靈樞》偏重人體解剖、腧穴針灸、臟腑經絡等。《靈樞》的第一篇即為《九針十二原》，其中就有"先立《針經》"思想，基本上奠定了整個《靈樞》的論調。

《黃帝內經》中確立了很多中醫裡的治病原則，在當時具有十分先進的指

導意義，如"治未病"的防禦
疾病思想。正如其中所言：不
治已病治未病，不治已亂治未
亂。"意思是說，如果臟腑有了
疾病，那麼不能單純地只是一
味治療發生了疾病的臟器，而
是要一同關注其他未生病的臟
器。這種先進的防禦疾病思想，
至今仍被應用於臨床診療中。

由於《黃帝內經》每流傳
至一個時代，就被一個時代所
注解和保存，所以《黃帝內經》
有許多個傳本。

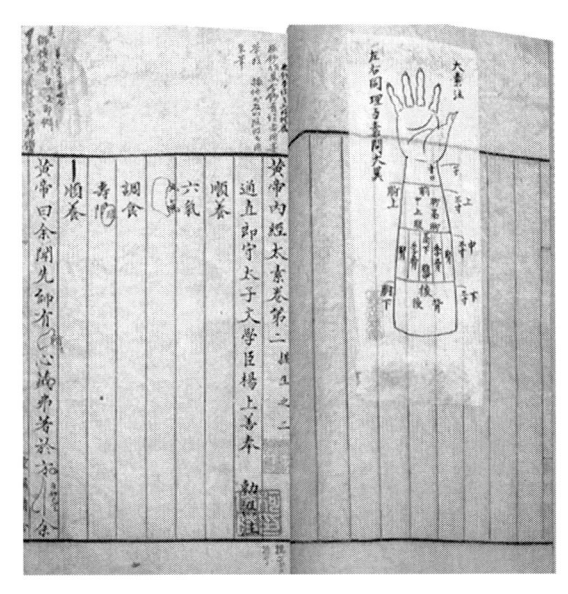

楊上善《黃帝內經太素》

隋唐時期，《黃帝內經》
被楊上善所整理，名為《黃帝內經太素》，包括《素問》和《針經》兩個部分，
《針經》即為《靈樞》。此書是《黃帝內經》的最早傳本。楊上善根據書中的
內容性質重新加以整理和歸類，分為攝生、陰陽、臟腑、九針、雜病等，共
19 大類，並重新進行編次和注釋。

現存最早的《素問》為唐代王冰次注的 24 卷本，後又經宋代校正醫書局
校正。《靈樞》的最早版本為史崧所改編的 24 卷本。

3. 影響和意義

《黃帝內經》和《傷寒雜病論》《難經》《神農本草經》一同被尊為中國傳
統醫學四大經典著作，在中國古代醫學史上的地位極其重要，也佔據許多個
"第一"。《黃帝內經》是第一部系統的中醫理論典籍，第一部關於養生的論著，
第一次建立了中醫裡的"陰陽五行""脈象"和"藏象"等學說。

《黃帝內經》被公認為中國現存第一部醫學典籍，奠定了中醫學的基礎。
中醫學形成了系統的理論和研究方向，也被認為是從《黃帝內經》起始而來。

人們開始更加注重身體健康，也更加注重對疾病的診療方法的研究。

《黃帝內經》另一個重要意義就是，它不僅敘述疾病的診療手段，還包含了最早的"防重於治"的養生思想，也就是《黃帝內經》的另一個精髓思想："治未病"，至今仍應用於臨床實踐當中。

《黃帝內經》內容十分豐富，是歷朝歷代的醫學者研究和論述疾病的重要理論參考和依據，其理論為醫者們治病救人的準繩，在中醫發展中功不可沒。《黃帝內經》不僅對我國中醫學的發展影響十分深遠，同時也被其他國家所借鑒，如日本、朝鮮、越南等。1925 年以後，《黃帝內經》被譯成多種外文節譯本和全譯本，如英語、法語等。

二、第一部藥物學專著——《神農本草經》

《神農本草經》，又名《神農本草》，亦被稱作《本草經》或《本經》，是我國現存的最早的一部藥物學專著。

1. 成書背景

《神農本草經》成書時間不詳，大約是在東漢時期。在漢代儒家哲學、神仙學說和陰陽五行學說的影響之下，具有鮮明的漢代文化特點。

《神農本草經》之名，同《黃帝內經》託名於黃帝一樣，是託名於神農而作，表達對神農的尊崇和懷念。《淮南子·修務訓》中記載：世俗之人，多尊古而賤今，故為道者，必託之於神農、黃帝而後能入說。"而陸賈在《新語·道基》中說：民人食肉飲血，衣皮毛。至於神農，以為行蟲走獸難以養民，乃求可食之物，嘗百草之實，察酸苦之味，教民食五穀。"也就是民間傳說，神農在嘗百草的過程當中，發現了草藥的用途，瞭解了最

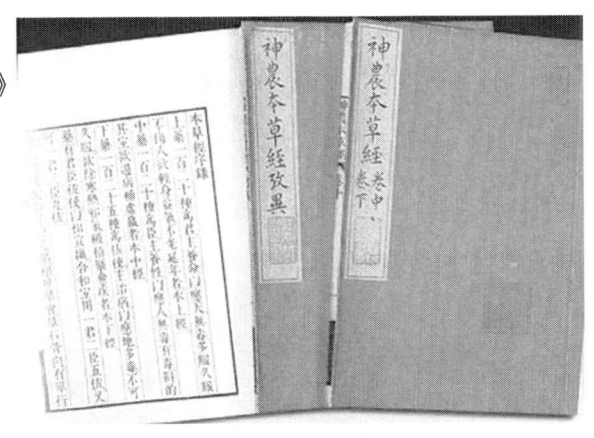

《神農本草經》

初的藥物學知識。神農嘗百草的故事廣為流傳，人們最初的藥物學知識就是如神農嘗百草一般，在不斷的嘗試和探索中而得來的。

至於作者和成書時間，《神農本草經》同《黃帝內經》一樣，被認為是非一人一時之作，而是戰國至秦漢時期，經過眾多的醫家之手，搜集、整理、撰寫成多篇藥物學專著，最終彙集而成的一本大型藥物學典籍。

2. 書中內容

《神農本草經》的原本已經散佚，現存的《神農本草經》多為後人從《神農本草經》中集輯而成。至於《神農本草經》共有幾卷，歷代有多種傳本和注本，所以有不同記載。

《隋書·經籍志》中記載："神農本草，四卷（雷公集注）。"

《唐書·經籍志》中記載："神農本草，三卷。"

宋代《通志·藝文略》中記載："神農本草，八卷（陶隱居集注）。"

明代《國史經籍志》中記載："神農本草經，三卷。"

《清史稿·藝文志》中記載："神農本草經，三卷。"

但可以肯定的是，《神農本草經》詳細而全面地記錄了我國東漢之前的藥物學成就。而《神農本草經》的內容，也較之前的藥學典籍有所突破。

首先是《神農本草經》提出了三品分類的方法。《神農本草經·序錄》中說："上藥一百二十種為君，主養命以應天，無毒，多服久服不傷人，欲輕身益氣不老延年者，本《上經》。中藥一百二十種為臣，主養性以應人，無毒、有毒，斟酌其宜，欲遏病補虛羸者，本《中經》。下藥一百二十五種為佐使，主治病以應地，多毒，不可久服，欲除寒熱邪氣，破積聚，愈疾者，本《下經》。"根據序錄可知，全書365種藥分為上、中、下三品，且論述了上品藥為補養類藥，屬無毒，可以久服，延年益壽；中品藥屬補養又能攻克疾病的藥，有的有毒，有的無毒；下品藥則為專門祛除體內寒熱邪氣、攻克疾病的藥，有毒，不可久服。

根據上述藥品的分類，書中進一步敘述了組方的原則，提出了"君臣佐使、七情六合"的理論。"一君二臣三佐五使，又可一君二臣九佐使也。"這是配藥當中"君臣佐使"的原則。"藥有陰陽配合，子母兄弟、根莖花實、草石骨肉，有單行者，有相須者，有相使者，有相畏者，有相惡者，有相反者，有相殺者。"這是配藥當中"七情六合"的原則。這告訴我們，有的藥物兩兩配合之後，增加藥效，有的能夠削減另一方藥物的毒性，但有的藥物兩兩配合之後，則能產生置人於死地的毒性。所以，在藥方組合的時候，一定要慎重。

書中詳細記述了每種藥物的主治功能，如麻黃平喘、大黃通便、黃芩清熱等。此外，書中還記載了藥物的採集和收集方法，以及用藥原則和服藥方法。如在記述服藥方法時，書中強調："病在胸膈以上者，先食後服藥；病在心腹以下者，先服藥而後食；病在四肢血脈者，宜空腹而在旦；病在骨髓者，宜飽滿而在夜。"也就是我們在服用湯藥時，醫生所囑咐我們飯前服用還是飯後服用的原因。

書中的組方原則及服藥原則等，對現今的中醫臨床用藥仍有指導意義，大部分方法仍然沿用。

3. 影響和意義

《神農本草經》的問世，系統而全面地總結了東漢之前的來自民間和醫家的藥方，是集東漢之前的藥物學大成之作，是我國現存的最早的藥物學專著。

《神農本草經》對後世影響極大，它奠定了人們研究藥物學的方向，為藥物學的發展打下了基礎。書中載藥多是臨床常用藥物，對臨床用藥指導意義巨大。其中對藥物的性味、藥物的採集和收集、藥物的炮製等的論述，直到今天，仍有研究價值。

但是，由於時代的局限性，《神農本草經》中不可避免地存在一些錯誤，如"久服（水銀）神仙不死"等。書中收入了煉丹、修仙等內容，將一些劇毒物如水銀、雄黃等列為修仙所用的上品，認為長久服食下去會延年益壽，這顯然是錯誤的。

因此，研究《神農本草經》需一分為二，取其精華，去其糟粕，學習古人的智慧，更好地研究中藥學，指導臨床用藥。

三、臨床診療專書——《傷寒雜病論》

東漢著名醫者張仲景，凝聚了畢生的精力和心血，寫就了中國傳統醫學四大經典著作之一的《傷寒雜病論》。

1. 成書背景

張仲景所在時代為東漢末年，官至長沙太守。自漢獻帝建安元年（196年）之後，張仲景親歷了當時因為戰亂而不斷引發流行疫病，越來越多的宗族之人因為疫病而離世。據記載，十年之內大約有三分之二的人是死於傳染病，這讓張仲景看在眼裡，憂在心裡。於是，張仲景毅然拋棄仕途，開始拜同鄉的張伯祖為師，刻苦鑽研醫術。

由於出生於沒落的官宦家庭，張仲景從小便能接觸到許多經典醫學典籍，並不斷地從中汲取養分，使其逐漸成為自己醫學思想的一部分。

張仲景醫術高明，後來逐漸超過了他的老師張伯祖，而他也根據自己的行醫經驗和總結，寫就了關於"傷寒"和"雜病"的醫學著作《傷寒雜病論》，成為中醫史上一塊重要的基石。

張仲景在《傷寒雜病論》的自序中說：上以療君親之疾，下以救貧賤之厄，中以保身長全，以養其生。"這大概就是張仲景學醫和作《傷寒雜病論》的目的。

219年，偉大的醫學家張仲景去世。隨著張仲景的離世，《傷寒雜病論》也開始在民間流傳。當時，書籍的傳播僅依靠手抄，然後再散播開來，相當麻煩。

晉代時期，民間流傳的《傷寒雜病論》已經殘缺不全，有一個人改變了《傷寒雜病論》的命運。這個人，就是太醫令王叔和。引用清代名醫徐大椿的評價則是：苟無叔和，焉有此書。"那麼，王叔和究竟做了什麼樣的貢獻呢？

相傳，王叔和偶然讀到了部分《傷寒雜病論》，被其內容深深吸引。每讀《傷寒雜病論》，王叔和都要讚歎一番：世間有此奇醫書！"於是，王叔和不再滿足於唯讀到這殘缺不全的《傷寒雜病論》版本，開始全力搜索《傷寒雜病論》其餘的斷簡殘章。各種《傷寒雜病論》的手抄本浮出水面，被王叔和一一收集和整理。

《傷寒論》

王叔和搜集之後，整理成書。全書共有 22 篇，共論述 397 條治療方法，記載方劑共 113 首，全書共計 5 萬字。但《傷寒雜病論》中雜病部分內容仍然沒有找到，因此名為《傷寒論》。

2. 書中內容

張仲景在《傷寒雜病論》中論述了"傷寒"和"雜病"，全書共 16 卷。但由於成書時，正值兵荒馬亂的年代，原著在不久之後，就散佚不全，散落於民間了。後由各家進行搜集整理，得到今日的《傷寒雜病論》，其醫學思想的先進性在近 2000 年的醫學發展史中，一直綻放著光芒。

《傷寒雜病論》繼承和發展了《黃帝內經》中的論述，體現出了張仲景的兩個重要醫學思想和診治原則，那就是"八綱辨證"和"六經論治"。以六經論傷寒，以臟腑論雜病，確立了以"理、法、方、藥"為原則的辨證論治方法。

張仲景以六經為綱，六經為太陽、陽明、少陽、太陰、少陰和厥陰，然後將患者的病症依據虛實表裡寒熱的不同，共分為六種類型的疾病，並討論這六種疾病具體的病症特點、轉變和立法處方等，從而建立起了完整而系統的六經辨證體系。

除了醫學理論方面有巨大的貢獻之外，張仲景還根據臨床實踐經驗，在《傷寒雜病論》中記載了大量的方劑，共載方 113 首，基本上是臨床各科的常用方劑，是目前我國現存最早的方書。張仲景用藥十分精確，在方劑配伍當中，充分體現了方劑中的組方原則，也就是"君臣佐使"的配伍原則。

張仲景在《傷寒雜病論》中記載的方劑，十分重視藥物劑量的變化，根據病情的不同，將處方的用量靈活加減，並形成了不同的"方族"。如張仲景所記載的麻黃白朮湯、麻杏苡仁湯、大青龍湯等，本源全都是麻黃湯。

在《傷寒雜病論》與張仲景的另一部著作《金匱要略》中，記載的方劑全面而實用，大多數經方流傳至今，仍被應用於臨床，被尊為"經方"，《傷寒雜病論》更是被尊稱為"方書始祖"。

3. 影響和意義

張仲景"勤求古訓，博采眾方"，成書的《傷寒雜病論》，被認為是我國中醫歷史上影響最大的著作之一，被後人視為中醫典籍中的經典之作。《傷寒雜病論》確立了中醫辨證論治的基本原則，書中辨證施治的診療原則和根據症候配伍的經方，為我國臨床醫學的發展鋪展了道路。

《傷寒雜病論》是我國後世醫者們所必修的經典醫學典籍，歷代醫家對張仲景的思想都推崇有加。書中精選的方劑配伍，主治明確，用方精煉，經過千百年臨床實踐的檢驗，仍活躍於醫學的舞臺之上。如麻黃湯、青龍湯、白虎湯、柴胡湯等。

後世醫者們在從醫的過程當中，也不斷地研習《傷寒雜病論》中的精髓，從古至今大概有四五百位學者，對張仲景的理論和方藥進行探索研究。僅注釋、闡發《傷寒雜病論》的著作，已達 300 餘種，研究得出的論斷著成的書作有將近兩千種，也因此在中醫中形成了中醫學術史上一支重要的派別——傷寒派，進而從不同的角度進一步探索，如黃竹齋撰寫的《傷寒雜病論會通》，劉東軍所著的《易演傷寒論》等。

東漢末年著名醫學家華佗讀過《傷寒雜病論》之後，稱讚此書：此真活人書也。"明清年間的醫家喻嘉言則稱讚《傷寒雜病論》說：為眾方之宗，群方之祖。"後世許多醫書也都是在張仲景《傷寒雜病論》的基礎之上進行創作的。

　　《傷寒雜病論》不僅是我國歷代醫師從醫學醫的必讀經典著作，也隨著中國的文化流傳到海外，為其他國家和民族所借鑒和學習。在日本的歷史上，曾有專宗張仲景理論的方派，直到今日的日本，在中醫界中仍推崇張仲景。傷寒方在日本一些著名的中藥製藥工廠的產品中，佔據 60% 以上。由此可見，《傷寒雜病論》在日本中醫界的影響十分深遠。

《傷寒雜病論會通》

四、才子之書——《養生論》

《養生論》為三國時期魏國人嵇康所作，是我國古代論述養生方面的名篇，也是我國關於養生比較早的論著。

1. 成書背景

《世說新語·容止》中記載：嵇康身長七尺八寸，風姿特秀。見者歎曰：'蕭蕭肅肅，爽朗清舉。'或雲'肅肅如松下風，高而徐引。'"《晉書·嵇康傳》中記載：身長七尺八寸，美詞氣，有風儀，而土木形骸，不自藻飾。人以為龍章鳳姿，天質自然。"

以上關於嵇康的傳記和記載，無不在說，嵇康儀錶非凡，風度翩翩，氣質與常人不同。然而，嵇康本人並不是注重儀錶和打扮的人，何以有如此之容顏呢？一方面，嵇康天生長相出眾，另一方面，則得益於嵇康崇尚養生之道。

嵇康年幼時喪父，被母親和兄長撫養成人。嵇康年少時博覽群書，學習各種技藝，在音樂、繪畫、書法、寫作上都有一定造詣，是一個非常有才華的人。

嵇康所作的《長清》《短清》《長側》《短側》四曲被稱為"嵇氏四弄"，與蔡邕所作的"蔡氏五弄"合成為"九弄"，是我國古代著名的一組琴曲。相傳，隋煬帝曾將彈奏"九弄"作為取士的條件之一，可見其地位。

嵇康崇尚老莊思想，老莊思想中的養生之道對嵇康影響很大。嵇康繼承了老莊思想中的養生之道，並且身體力行，效果十分顯著。於是，嵇康將自己的養生心得記錄成文，著成《養生論》。

2. 書中內容

《養生論》一共可分為八個段落。第一段為嵇康關於世人對神仙和壽命的不實之說提出的反對意見。剩下七個段落則是闡述自己的養生觀點，主要為世人與神仙的區別、用修身養性來保養身體、食物的相對性對人體的影響、由神農對於藥物輔助養護產生的啟示、如果不注重養生則會產生的後果表現、養生之道的奧妙、注重和善於養生所得到的好處。

嵇康通過以上幾點論述了養生的方法和養生的重要性，具有很大的進步意義。他的觀點可以總結為以下幾點：

首先，形神兼養。嵇康在《養生論》原文中指出：精神之於形骸，猶國之有君也。神躁於中，而形喪於外，猶君昏於上，國亂於下也。"意思是說人的精神之於身體，就如同一個國家有君主。如果精神躁動不安，外在的身體也會受到損傷，就如同一個國家雖有君主卻昏庸無能，國家的子民在下亂作一團。所以，養生之人不可以七情太過，應保持情緒的平和。善於養生之人，可以用甘泉滋潤肺腑，用朝陽沐浴身體，用音樂安定心智，如此一來，人的身體放鬆，心情沉穩安靜。這一養生之道，今人也尤為實用。

其次，注重食物對人體的影響。嵇康認為，同一種食物，因為其屬性，對身體有不同的作用效果。凡是吃入口中的東西，都會對人體產生作用。如果一種食物能夠對身體產生負面的效果，不可一味地抵觸這種食物，因為可以用另外的食物抵消這種負面效果。

嵇康的另一重要養生思想是防微杜漸，防患於未然，這和中醫裡

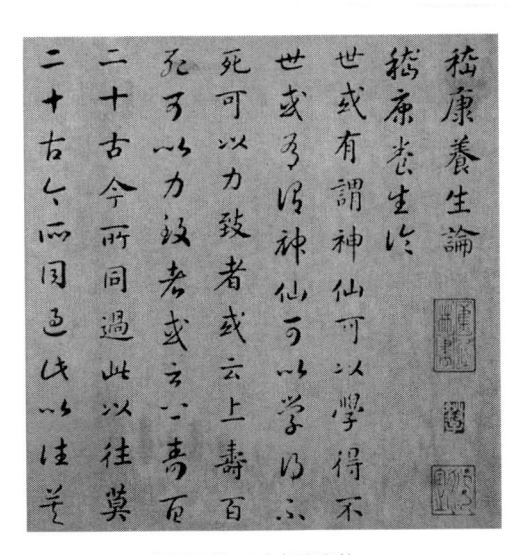

《養生論》南宋趙構真草

面"不治已病，治未病"的思想相吻合。這就要求人們不僅要堅持養生之道，還要有持之以恆的決心。養生絕不是心血來潮的想法，也不是一朝一夕就可見到效果的，對於那些心急的人來說，必定不可能成功。

由於嵇康擅長寫作，整篇《養生論》，富於文采，論述透徹，單從文學水平來看，也是價值不菲的佳作，而其養生之道更是為人所稱頌。

3. 影響和意義

嵇康在《養生論》中的論述很有說服力，他本人也按照書中的養生方法身體力行。嵇康的友人說："與康居二十年，未嘗見其喜慍之色。"嵇康以喜怒不形於色來修身養性。

後人讀過《養生論》之後，深受其益。對於後世醫家，尤其是注重養生的大家，如陶弘景、孫思邈等，都有一定的借鑒和參考意義。

《養生論》中許多養生觀點，如保持良好的生活習慣和良好的心態等，對現代生活中的我們，仍有受益之處。養生之道，無論多大年齡，無論身在何地，都是我們保護好自己身體的重要途徑。正如嵇康所說，雖然不可能成為神仙，也不能獲得千年的壽命，但是通過養生，卻可以延年益壽，提高生活的品質。所以，養生從古至今都是不過時的話題。

五、針灸學專著——《針灸甲乙經》

《針灸甲乙經》由皇甫謐於魏甘露四年（259年）所作。《針灸甲乙經》是中國現存最早的一部針灸學典籍專著，也是最早的一部將針灸學理論與腧穴學相結合的著作。

1. 成書背景

皇甫謐出生於東漢名門家族，是漢太尉皇甫嵩之曾孫。後來，皇甫謐家族家道中落，不似從前一般輝煌，但家族之中仍有在朝廷做官的。早年喪母之後，皇甫謐被過繼給了叔父，後隨叔父遷居新安。

皇甫謐的少年時期，不思上進，整日在外遊蕩。到了 20 歲，仍是不學無術。有一次，皇甫謐將得到的瓜果獻給叔母，叔母卻哭著說" 《孝經》'三牲之養，尤為不孝。'你現在都 20 歲了，仍然不學無術，拿什麼來慰藉我呢？"聽罷此言，皇甫謐深受觸動，於是拜鄉里人為師，開始讀書。

26 歲時，皇甫謐已經開始著書，寫了《帝王世紀》和《年曆》等。42 歲那年，

皇甫謐

皇甫謐由於得了風痹症，開始苦讀醫書，並撰寫《針灸甲乙經》。到了46歲，皇甫謐已經是遠近聞名的學者，朝廷詔他去做官，他沒應。此後，又三番五次被詔去做官，皇甫謐一一拒絕。

皇甫謐68歲那年，也就是282年，《針灸甲乙經》刊發問世。

2. 書中內容

皇甫謐對《黃帝內經》中的《素問》和《靈樞》以及《明堂孔穴針灸治要》中關於針灸和穴位的論述，加以總結和對比，再根據自身的臨床實踐經驗，"事類相從，刪其浮辭，除其重複，論其精要"，寫就了一部規範針灸學理論的著作《黃帝三部針灸甲乙經》，也叫《針灸甲乙經》。

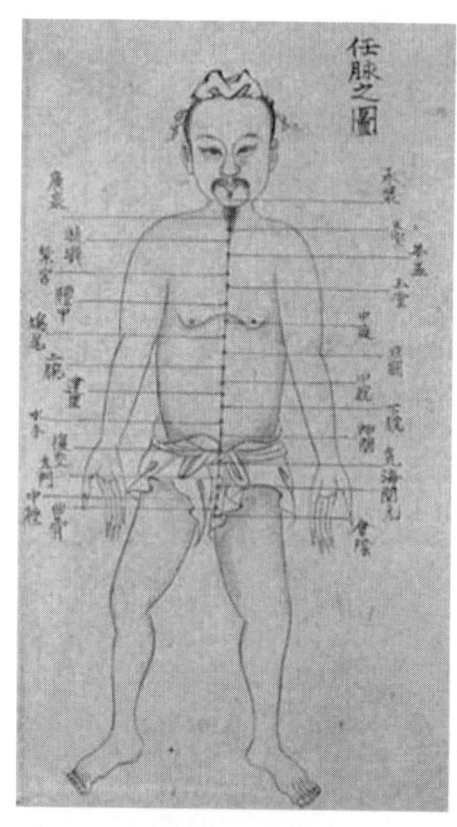

《針灸甲乙經》之任脈之圖

《針灸甲乙經》共10卷，128篇，共收錄穴位名稱349個。

書中內容包括臟腑經絡、脈診理論、腧穴部位、病機、針灸方法、針灸取穴等，並對內科、外科、兒科、婦科和五官科的針灸論治進行了詳細的介紹。

皇甫謐還在《針灸甲乙經》中明確了各個穴位的歸經和部位，規範和統一了穴位的名稱，並將正名和別名加以區別。書中校正了腧穴穴位的總數，說明了每個穴位的禁忌證和適應證，記述了針灸操作手法，內容十分全面。

3. 影響和意義

《針灸甲乙經》總結了魏晉之前的針灸學經驗，是我國現存於世最早的針灸學專著，至今已有近1800年。雖然其年代久遠，但書中所闡述的針灸學理論，對現代中醫學中的針灸學仍有規範和指導意義，是一部十分有價值的針灸學專著，被譽為"中醫針灸學之祖"。

唐代王燾評價此書時說：是醫人之秘寶，後之學者，宜遵用之。"也正如王燾所說，《針灸甲乙經》

《針灸甲乙經》

被列為學醫必讀的經典醫書之一，也是唐代醫生的必修教材。

此書問世後，晉朝之後的許多針灸學專著都是在此書的基礎之上完成的。直到現在，我國的針灸學理論仍是基於《針灸甲乙經》中的原則，只是穴位名稱略有變動。

隨著中國文化的傳播，《針灸甲乙經》也被傳到海外，尤其受到朝鮮和日本的青睞。701年，日本法令《大寶律令》中規定，將《針灸甲乙經》列為必讀參考書之一，還明確規定了學習的日數。在日本的《大同類聚方》當中，也有多處引用《針灸甲乙經》，足見《針灸甲乙經》對於日本醫學的影響。

19世紀末20世紀初，歐美一些較大的圖書館開始收藏《針灸甲乙經》，尤其是在法國，影響巨大。據瞭解，法國的學者也在努力翻譯和研究《針灸甲乙經》。

六、中醫內科專著——《諸病源候論》

《諸病源候論》是中國最早論述多種疾病病因和症候的論著,又被稱為《諸病源候總論》或《巢氏病源》。

1. 成書背景

巢元方是隋代傑出的醫學家,大業年間(605年—616年),任太醫博士、太醫令。儘管巢元方在醫界之中久負盛名,成績卓著,但史書之中卻無巢元方的記載,只有宋代傳奇小說《開河記》中一段關於巢元方的記載。

隋大業五年(609年),主持開鑿運河的總管麻叔謀患上了風逆症,全身關節疼痛,稍一活動便噁心頭暈,許多醫生診治無果。隋煬帝命令太醫巢元方前去診治。巢元方經過診斷之後,判斷麻叔謀的病入腠理,病在胸臆。巢元方為麻叔謀開出奇怪的藥方,用嫩肥羊摻入中藥之中,蒸熟之後服食。麻叔謀依照巢元方的說法去做,果然藥還沒有服用完,病已經完全好了。巢元方又叮囑他服藥鞏固,以防疾病再次復發。

巢元方所在的隋朝,建立了中國歷

巢元方

史上最早的醫學教育機構——太醫署。同時，隋王朝還組織醫界廣泛收集全國各地的中醫藥資料及醫方，並編撰醫學圖書。大型方劑學典籍《四海類聚方》就是在那一時期編撰成書的。大業六年（610年），巢元方奉詔撰寫成《諸病源候論》。《諸病源候論》就是在這樣的時代背景之下被著成書，而流傳於後世的。

2. 書中內容

《諸病源候論》全書50卷，按病因和症候分為67門，載列症候論共1739條。書中分別論述了內科、外科、婦科、兒科、五官科、口齒科、骨傷科等各科疾病的病因以及症候，並針對部分疾病談論了診斷手段、預防手段，對病源和症候進行了詳細精準的分類和描述，內容十分全面。

書中內容主要有以下幾個特點：

主論病因及症候，不記載方藥。書中收羅各種常見和不常見的疾病，將疾病的病因、病機和症候一一羅列，以當時的醫學水準來論斷，具有較高的水準，但並未記載對症方藥。

將症候分門別類。書中對病症進行分類描述，如婦產科，就細分為妊娠病、將產病、產後病等共5類，十分細緻。

病因在形態描述上有所進步。書中關於病因和症候觀察仔細入微。如在描述疥瘡的病源時，敘述了疥瘡的病源是疥蟲，而疥蟲就藏在濕疥的膿包之中。當用針頭挑出的時候會發現，疥蟲的形態如同水中的蝸牛。

對傳染病有一定的認識。書中對於傳染病有一些記載，如天花、肺結核、腳氣病等。

養生內容出現。書中對一些養身方面的內容有所敘述，如提到保護牙齒的主要途徑是刷牙等。

外科手術較為發達。書中記載了一些外科手術，如在提到腸吻合術時，詳細描述了腸吻合術的實施步驟以及術後的注意事項。這種手術即使在今日，也非同小可，對於術中和術後要求極多，所以在當時，此書意義非凡。

3. 影響和意義

《諸病源候論》是我國第一部病因症候學的專著，也是第一部由朝廷組織撰寫的醫學理論著作，其影響和意義十分深遠。不僅可以作為一本"醫史"來看，也可以作為一本"教材"來學。說它是"醫史"，是因為它總結和記載了隋之前的醫學發展水準；說它是"教材"，是因為它是中醫辨證處方的重要依據。

《諸病源候論》當中記錄了許多疾病，為人們認識疾病提供了條件和便利。其中對一些疾病的病因病症闡述詳細而精准，如一些過敏性疾病、真心病和一些外科手術等。

《諸病源候論》的問世，標誌著病因學和症候理論學在中醫當中得以建立，對指導臨床中關於"病因"和"症候"有巨大意義，此後的醫書典籍在論述病因症候之時，多以《諸病源候論》為基石。如唐代孫思邈撰寫的《千金要方》和《千金翼方》，以及王燾撰寫的《外台秘要》等。直至今日，研究和注釋《諸病源候論》的學者和著作仍源源不絕。

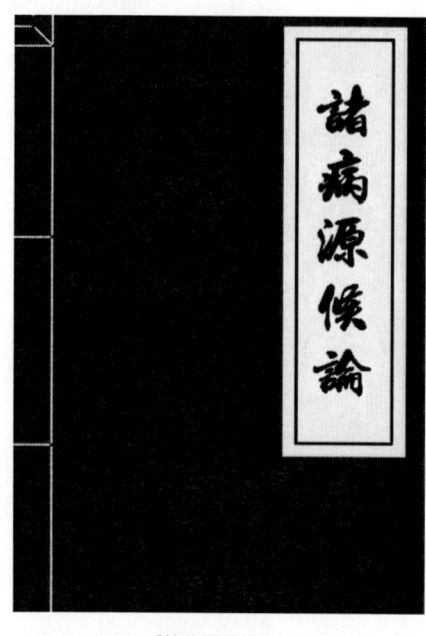

《諸病源候論》

七、第一部藥典——《新修本草》

《新修本草》於唐高宗顯慶二年（657年）開始撰寫，成書於顯慶四年（659年），共歷時兩年，由蘇敬主持，多人共同編寫，世人又稱《唐本草》。

1. 成書背景

唐代是歷史上的一個繁盛時期，無論是經濟水準還是文化水準，在世界上都位於前列，醫藥文化在這一時期也得到了迅速的發展。唐顯慶二年（657年），任當時右監門府長史的蘇敬上書高宗，建議重新修訂《本草經集注》。

在當時，離陶弘景所著的《本草經集注》已經過去了100年的時間，書中難免有許多遺漏的藥方，還有一些藥的描述存有謬誤未加以修改。經過100年的時間，藥物學的發展已經難以在書中體現出來。而且，陶弘景當時所處的地段在南方一帶，書中多為南方所產的常見藥物，對北方的藥物記錄卻不多。

蘇敬

所以，重新修訂此書是十分必要的。蘇敬的建議很快被採納，新修的事宜開始提上日程。

這項修訂活動，幾乎動員了全國的力量。朝廷下令，廣泛徵集民間的意見和藥材標本，凡是有實效的藥物都可以上報，所謂"普頒天下，營求藥物，羽毛鱗介，無遠不臻；根莖花實，有名鹹萃"。而朝廷之中，由蘇敬主持，另有掌管文史書籍類的官員、管理藥物的官員以及太醫令，共 20 餘人，各自分工，共同整理編寫。

編寫完成的作為"藥典"的《新修本草》被朝廷一公佈，很快就在全國得到推廣。一時間，《新修本草》成為醫家必讀的藥學典籍。

2. 書中內容

被徵集來的草藥及標本，全部被繪製成圖，開闢了以"圖經"著本草類書籍的先河，在世界上，也是第一次用"圖經"的方式撰寫本草類書籍。圖經根據本草畫出真實而原本的形態，具有與實物參考對照的價值，方便區分藥物和辨別藥物的真假。

除圖經之外，此書還包括藥解和本草，一共 3 個部分。藥解主要是對藥物的文字描述，本草部分則記載了藥物的治療效果、產地、採集季節和注意事項、藥物本身固有的性味特點等。

全書共有藥解 25 卷，本草 20 卷，圖經 7 卷，目錄 1 卷，共 53 卷。在陶弘景的《本草經集注》的基礎之上，新補增藥物 114 種，共記載藥物 844 種。

全書分門別類清晰，分為玉石、草、木、人、禽獸、蟲、魚、果、菜、米穀等類別。

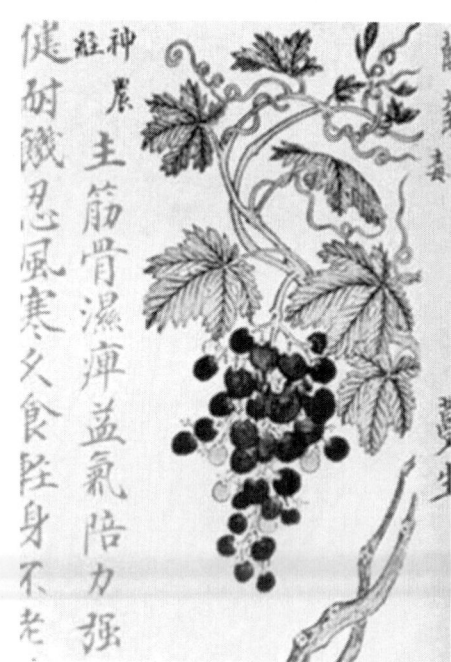

《新修本草》中記載的植物

因唐朝與世界各地文化交流頻繁，在新增藥物當中，有許多屬於舶來品，如麒麟竭、蓖麻子、龍腦、薄荷、沒食子、胡椒、砂糖等。另外，書中還記載了補牙的原材料，即用白錫、銀箔、水銀調配而成的填充劑，相當先進，是世界上最早關於補牙的文獻記載。

3. 影響和意義

時間久遠。提到《新修本草》，離不了"早"這個字，我們先來看

《新修本草》（仁和寺本）

幾個數字。歐洲最早的藥典《佛羅倫斯藥典》，於1498年出版；世界上著名的藥典《紐倫堡藥典》，於1535年頒發；俄羅斯第一部國家藥典，於1778年頒發；而《新修本草》，是中國的第一部由政府頒發的藥典，比歐洲最早的藥典《佛羅倫斯藥典》大約早839年。

本草大全。在當時，如果說到《新修本草》，又離不了"全"這個字，其內容的全面，幾乎囊括了在此之前的所有藥物，且許多外來藥物也記載其中，可以說是能看到各種新奇的"新藥品"，沒有遺漏下之前的"舊藥品"。《新修本草》序中記載"羽毛鱗介，無遠不臻；根莖花實，有名鹹萃。"意思是說，羽、毛、鱗、介等類，任何遠方的藥物，沒有不採到的；根、莖、花、實之屬，只要有其名稱都要採集到，收錄於書中。由此可見，在編寫此書時，工作人員所下的決心和力度之大，書中所載藥物之全面。有人評價說，與其說這是一部藥物學著作，不如說是一部動植物形態學的著作。

開創圖文對照先例。《新修本草》在編寫的過程中，首次運用了圖文對照的方式，開創了藥學著作當中這種編寫方法的先河。圖文對照，不僅便於讀者對不常見和沒見過的草藥進行認知，而且令草藥的辨認有了一定的依據。所以在當時，唐朝政府規定，學醫者必讀《新修本草》，作為基礎知識必修。

《新修本草》大大推進了我國藥物學的發展。

　　流傳之廣泛。《新修本草》作為國家頒佈的藥典，影響力巨大，很快就在全國範圍內推行開來，並流傳於後世，影響一代代醫家，是中醫藥發展中一個重要的里程碑。另外，《新修本草》還廣泛流傳至國外。來中國求法的日本僧徒將《新修本草》帶回日本，713 年，在日本便出現了《新修本草》的手抄本。並且，在《律令蜓喜式》中記載："凡醫生皆讀蘇敬新修本草。"這一點同中國一樣。另外還記載："凡讀醫經者，《太素》限四百六十日，《新修本草》三百一十日。"由此可見，《新修本草》對日本醫學的重要影響。除日本之外，《新修本草》還流傳到朝鮮等地。

　　失傳與重新刊印。《新修本草》到了宋代，藥解和圖經兩個部分佚失，本草部分也僅留下一些抄本。帝國主義侵略中國時，將敦煌石窟中發現的《新修本草》手抄本也掠奪走了，少量片段被存放於大不列顛博物館和法國巴黎圖書館。至 2008 年，重新刊發的《新修本草》，是根據流傳到日本的抄本影印而來的，是日本江戶末期古抄本殘卷，僅有 10 卷，並非全本。

八、綜合性論著——《千金要方》

《千金要方》是《備急千金要方》的簡稱，由唐代著名醫學家孫思邈編著而成。此書集唐代以前的醫學診治經驗之大成，價值極大。

1. 成書背景

出生於隋文帝開皇元年（581年）的孫思邈，是一位活了百歲的睿智老人，他一生致力於治病救人，研究醫術，對中醫有巨大貢獻。

孫思邈18歲立志學醫，20歲就開始替人看病，不僅醫術高明，而且醫德十分高尚，只要能將病人的病治好，孫思邈便無其他所求。因此，孫思邈一直是一位備受尊敬的醫生。

孫思邈一邊為人們治病，一邊苦心鑽研藥物，四處尋訪。峨眉山、終南山、太白山等地，都有孫思邈的蹤影。因為草藥放在一起，會改變藥性或者互相產生影響，孫思邈便做了一個布袋，布袋上面又分佈著一個一個小的布袋格子。每採集一味草藥，孫思邈就將草藥放到格子當中。有一次，遇到一個婦人被蛇咬傷，孫思邈趕緊

《千金要方》

從小格子當中抓取一些草藥來給婦人敷上。此後，也就有中醫當中"抓藥"的說法。

　　孫思邈不僅苦讀醫書，而且還勤於撰寫醫書。孫思邈的一生當中，一共著書180餘種。孫思邈晚年，隱居在五臺山，專門潛心寫書，未曾廢止。而在180餘種作品當中，《千金要方》和《千金翼方》的影響最大，被合稱為《千金方》，系統地總結了唐代之前的藥學成就，對後世醫藥發展意義巨大。

2. 書中內容

　　孫思邈認為人命至重，有貴千金，因此用"千金"來為此書命名。
《千金要方》全書共30卷。
卷1為總論，包括醫德及本草、製藥等；
卷2～卷4論述婦科病；
卷5論述兒科病；
卷6論述七竅病；
卷7～卷10論述諸風、腳氣、傷寒；
卷11～卷20論述按臟腑順序排列的一些內科雜病；
卷21論述消渴、淋閉等症；
卷22論述疔腫癰疽；
卷23論述痔漏；
卷24論述解毒並雜治；
卷25論述備急諸術；
卷26～卷27論述食治並養性；
卷28論述平脈；
卷29～卷30論述針灸孔穴主治。
全書一共233門，合方論5300首，將唐代之前的

《千金要方》中的內容

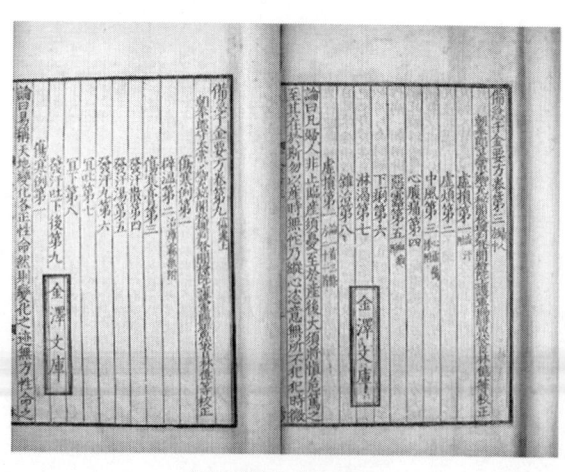

醫藥學成就加以總結和論述，臨床參考價值極高。書中將婦科和兒科分開論述，為宋代婦科和兒科的分立奠定了基礎。書中還提出了霍亂和消渴成病的原因，以及建立起了針灸孔穴的主治和臨床準繩。另外，這本醫書在卷首，還以《大醫精誠》和《大醫習業》當中的篇目，闡述了作為醫生不僅僅要有高明的醫術，更應有的是高尚的醫德，開拓了中醫倫理學的疆域。

3. 影響和意義

《四庫提要》中記載：葉夢得《避暑錄話》，稱孫思邈作《千金要方》時已百餘歲，妙盡古今方書之要。"可見，《千金要方》的地位之重。

《千金要方》被譽為我國的藥學百科全書，起到上承漢魏、下接宋元的重要歷史作用。此書問世之後，對醫界產生巨大影響，不僅在學術上面有重要學習和參考價值，在醫學倫理學方面也給後世醫者敲響了警鐘。

此書後來遠渡重洋，在異國他鄉繼續發揮著它的傳教和指導作用。如在日本，《千金要方》被多次刊印、出版。而孫思邈也因《千金要方》中對藥物學的研究深刻獨到，被後世尊稱為"藥王"。

九、醫家人物傳——《李濂醫史》

《李濂醫史》是由明代李濂所著,是一部記錄古代名醫傳記的書籍。

1. 成書背景

李濂(1488年—1566年),是明代的官員和學者。李濂幼時聰穎過人,並且勤學有加,讀了許多詩書。明武宗正德八年(1513年), 李濂在河南鄉試中獲得頭名。第二年,在北京又考中了進士,李濂時年27歲。之後李濂被授以官職,步入仕途, 想要在官場之中施展自己的一腔熱忱和滿腹才華。但令李濂意外的是,明嘉靖五年(1526年) 正月,他意外地被罷了官。

李濂所在的時期,恰逢明王朝腐朽衰敗,國家像是一個空殼,在外面輕輕一擊即破。連年的災荒,使得百姓民不聊生,四處流亡逃生,農民起義頻頻爆發。李濂在如此情況之下被罷官,對明廷腐朽的認識更加深刻。所以他並沒有對罷官一事提出申訴,收拾行李就回到了老家。

滿腔的政治抱負雖然幻滅了,但

李濂

李濂仍有滿腹的才華。於是，罷官後的李濂將全部精力都投注在了著書之上。在故鄉的40餘年裡，李濂著書豐富。

李濂學識淵博，對文學、歷史、方志學以及醫史都有一定的研究和見解。他的作品如下：《汴京遺跡志》24卷、《祥符文獻志》17卷、《李濂醫史》10卷、《嵩渚集》(即《嵩渚文集》)100卷；另見於《河南通志》及《祥符縣誌》的還有《嵩渚外集、續集》若干卷，《祥符鄉賢傳》8卷，朱仙鎮嶽廟集》12卷、附錄1卷，《稼軒長短句》等；其他還有《乙巳春遊稿》5卷、《觀政集》1卷，並參加明嘉靖《河南通志》的編撰。

2. 書中內容

李濂收集了歷代醫家事蹟，一共著書10卷，成為《李濂醫史》。其中，前5卷是採錄自《左傳》和《史記》，以金元時期李杲為止，一共收錄55名歷代醫家的醫療事蹟，寫成傳記。

後又補寫了張機、王熙、王冰、王履、戴元禮、葛應雷等的傳記。另外又在諸家文集之中摘錄收集，加入了張養正傳記。

《李濂醫史》中一共收錄著名醫者72人。

3. 影響和意義

李濂是博學多才的著作家和學問家，其豐富的著述是我國文化寶庫中重要的組成部分。而《李濂醫史》是我國最早的醫史人物傳記專著，為人們更好地瞭解我國古代著名醫家和醫學淵源，提供了寶貴的史料。

李濂在序中說：人能常閱是編，可以窺醫術源流之正，可以諳入門造奧之階，可以識攻擊滋補之機，可以得未病先防之道，可以養身，可以事親，可以慈幼，裕乎己而周乎人，實為有益之實學，而詞章、字畫之藝舉，非所當先矣。"意思是讀《醫史》，可以看到醫術的源流，因此瞭解到其中的奧秘所在，可以修養自身，可以侍奉雙親，可以照顧幼兒，實在是十分有益的實實在在的學問,這跟詞章、字畫之類的,無法混為一談。

　　現在,在我國的上海中醫藥大學醫史博物館、日本的國立公文書館等地方,均有《李濂醫史》的手抄本和排印本。可見,《李濂醫史》影響之廣泛,學者們通過研究《李濂醫史》,也都肯定了李濂進步的醫史觀念。

第四編　璀璨奪目的中醫成就

　　千百年來，無論是中醫學上特有的診脈和針灸，還是國際通用的外科手術，智慧的中國人在各個時代，為中國乃至世界醫學創造出了巨大價值，做出了重大的貢獻。中醫將永遠地恩惠於民，恩惠於子孫萬代。

一、診脈

一想到中醫看病，我們首先想到的就是"切脈"，也叫作把脈和診脈。中醫裡面的診斷方式有"望、聞、問、切"，其中"切"就是切脈，即診察病人的脈搏，用來判斷病情。切脈是中醫診斷的重要方式，也是中醫診斷裡的精華。

1. 中醫史中的診脈記錄

《紅樓夢》中提到："誰知鳳姐之女大姐兒病了，正亂著請大夫診脈。"還有《東周列國志》當中："申後佯為診脈，遂於枕邊，取出書信，囑咐星夜送至申國，不可遲誤。"我國許多古典文集當中，都有大夫診脈的描述。由此可見，診脈是古代大夫診病的主要手段。

診脈在我國中醫史當中，有著悠長的歷史。據史料記載，我國在上古時期，醫生便對診脈有了討論和論述。到了春秋戰國時期，診脈發展速度極快，逐漸成熟，已經達到了一定的水準。

診脈發展到了兩漢時期，已經被醫生們普遍地運用。《史記》當中記載了另外一個醫術高超的醫生，叫作淳於意。淳於意跟隨他的老師公乘陽慶，專門花了三年的時間學習脈象學，並在公乘陽慶那裡得到了一本脈象學專著《扁鵲脈書》。《史記》中記載"意治病人，必先切其脈，乃治之。"也就是說，淳於意每每為病患看病，必先診脈，然後再為其治療，並有能夠"預斷生死"的高超診斷技術。

淳於意在診病的過程當中,有這樣一個故事:淳於意去給齊王太后看病,診脈之後,淳於意對旁人說道:此病是因風熱侵襲膀胱,導致尿色赤紅,大小便困難。"於是,淳于意為齊王太后配製了湯藥,並囑咐說:此藥服用一劑就可以正常大小便,服用兩劑病就可以完全好了,尿色也會變得正常。這個病是由於出汗的時候解小便,脫衣服時又被風吹幹了而得。"淳於意還記載,之所以診斷如此恰切,是因為在診脈的時候,淳于意發現齊王太后的脈象是受風之後才有的脈象。在腎的部位切脈,脈象粗大躁動,粗大的脈象顯示膀胱有病,而躁動的脈象則顯示中焦有熱,所以病中患者會有尿色赤紅的現象。淳於意診脈的案例還有許多,每次診脈所得的結論,淳於意都有依有據。

漢代的張仲景,根據其所著的《傷寒雜病論》,也可以看出他的診病多以診脈為主。關於診脈,張仲景還有一個診脈抓小偷的故事。

有一次,張仲景路過一個客店,發現門前吵吵嚷嚷。原來一位住店的客人丟了銀子,正吵著讓店主賠償。張仲景見此狀,在店內轉了一圈說:吵吵嚷嚷也沒有用處,倒不如先抓住了小偷再說。"店主和丟銀子的客人都十分驚詫,要怎麼查呢?小偷這時候早就把銀子轉移到別處去了,去哪兒辨認誰是小偷啊?張仲景說:小偷就在店內,還是乖乖地承認了吧,要不我就要用我的牽腕拿鬼術了。"

張仲景巡視了一番,還是沒有人肯承認。於是,張仲景開始為店內的每個人診脈,也就是他所謂的"牽腕拿鬼術"。突然,張仲景大喝一聲:銀子就是你偷的,還不承認!"只見這人"撲通"一聲跪下,連連求饒。

其實,哪裡有什麼牽腕拿鬼術,張仲景只是利用小偷心裡有鬼,所以心跳加快,脈搏加速,便用了診脈的方法而已。看來,到了張仲景時期,人們對診脈已經有了很深刻的認識。

2. 著名的脈象學典籍

張家界漢墓出土的簡書《陰陽脈死候》,以及馬王堆出土的帛書《脈法》,是迄今為止發現的最古老的脈書。《陰陽脈死候》和《脈法》大約為先秦時期所作。《陰陽脈死候》全文共百餘字,主要記述根據脈象鑒定死亡症候。《脈法》全文四百餘字，主要論述脈法，尤其是談論灸法、砭法和脈經之間的關係。

《黃帝內經》是現存的最早的中醫理論著作，也是最早的保存脈學內容最為豐富的中醫典籍。《黃帝內經》中有關診脈的篇幅有《脈要精微論》《玉版論要》《玉機真髒論》《三部九候論》《平人氣象論》和《論疾診尺》等。其中涉及的內容較為全面，包括診脈的方法、診脈時間、診脈的部位，以及和脈象學相關的生理病理等。《黃帝內經》中的脈名較為複雜，比後世發展的脈象要複雜得多，僅脈名就有浮、沉、大、小、滑、澀等上百種。《黃帝內經》作為脈學內容豐富翔實的中醫典籍，既反映了當時研究脈象學的真實水準和程度，還為以後脈象學的發展奠定了基礎，時至今日，仍具有一定的影響。

《黃帝內經》之後，《難經》的出現，又大大豐富了脈學內容。《難經》全書內容簡潔，篇幅不長，但對診脈的敘述就占到全書內容的三分之一。《難經》當中有二十二難是論述脈經的內容，論述的範圍繼承了《黃帝內經》中診脈的方法、時間、部位等，並在《黃帝內經》的基礎之上，對診脈的方法有所革新。《難經》當中首次提出了"獨取寸口"的脈診方法，出自《難經·一難》，是指單獨診一名為"寸口脈"的脈象，位於兩手橈骨的內側。診這一脈可知全身疾病。因寸口脈為全身之大會，能夠反映全身臟腑氣血經脈，所以是診斷全身疾病的重要診脈部位。"獨取寸口"的診脈方法，是基於先前的診脈技術上的重大超越，在此後的脈象學研究當中，"獨取寸口"一直為人們所沿用。

到了東漢張仲景時期，張仲景所著的《傷寒雜病論》中，診脈的作用主要是應用於確立辨證施治的原則。張仲景將脈象分為陰陽兩類，也以寸口脈為主要診脈部位。張仲景的《傷寒雜病論》將診脈與病症相結合論述，是對診脈的重要貢獻。

西晉時期王叔和撰寫的《脈經》是我國現存的最早的脈象學專著。《脈經》總結了《黃帝內經》《難經》等著作及扁鵲、張仲景、華佗等諸多醫學名家對脈診的經驗思想，全書共分 10 卷，98 篇，系統地闡述和歸納了診脈的方法和脈學理論。《脈經》在中醫診脈方面貢獻極大，主要有兩點：一是首次將脈象系統地做出歸類和規範，歸納為 24 種，並對每一種脈象都做出詳細的注解和描述；二是總結了晉代之前的診脈方法和脈象所反映出的病理變化，使許多寶貴的醫學思想和醫學史料得以保存。《脈經》的出現，使診脈更加規範和科學。《脈經》一書也廣為流傳，不僅在中國，還在阿拉伯、朝鮮、土耳其、日本等地產生了廣泛影響。

清朝之前的脈象學專著已經達到 100 餘種，雖然其中多有重複之處，但每一部脈象學專著都很好地反映了它所在的時代對脈象學的研究成果，具有重要的參考價值和意義。

李時珍在《瀕湖脈學》中，一共論述脈象 27 種，並對這 27 種脈象的體狀、相類和主病做了七言歌訣，方便記憶。每一種脈象，李時珍都引用《黃帝內經》和《難經》中所言，然後再用歌訣加以概括，一目了然。例如，李時珍在講浮脈的體狀時說：浮脈唯從肉上行，如循榆莢似毛輕。三秋得令知無恙，久病逢之卻可驚。"《瀕湖脈學》全書內容不多，卻是當時脈經學習的必讀之書，可見其在中醫脈學發展史上的地位。

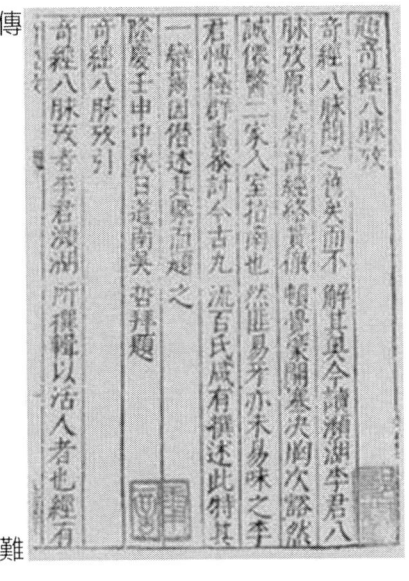

李時珍《瀕湖脈學》

另外，《玉函經》《崔氏脈訣》《王叔和脈訣》《三指禪》等脈學專著，不斷地糾正前人的錯誤，不斷地將診脈發展為臨床上更為實用的診斷方法，為脈學的傳承和推廣做出了貢獻。

二、麻醉秘方

麻沸散是漢代華佗發明的用於手術的麻醉劑。它是指通過麻醉的方法，使病人昏睡，從而有效地減輕了病人手術的痛苦。雖然方法較為原始，技術較為簡陋，但為後世的外科麻醉提供了啟示，是現代麻醉術的雛形，此技術比西方大約早 1600 年。

1. 華佗與麻沸散

華佗研製出麻沸散，絕不是偶然。當時，華佗所在的時代是東漢末年，由於戰亂頻繁，死傷者無數。身為醫生的華佗，每每看到受傷的人因傷痛而流露出極大的痛苦的表情時，也跟著心痛不已。華佗擅長用外科手術為病患療傷，但患者往往忍受不了劇痛。於是，華佗開始留心收集各種有麻醉效用的藥物，最終用這些具有麻醉效用的藥物複合成麻醉方劑——麻沸散。

相傳，有一日，華佗在給一位患了爛腸痧的患者做手術，這一做，就是幾個小時。手術結束之後，華佗累得筋疲力盡。為了緩解疲勞，華佗顧不上吃飯，只想喝上幾口酒，睡上一大覺。

可是，華佗空腹喝了幾大口酒，便不省人事了。家人見狀，嚇壞了，以為華佗再也醒不過來了。用針刺華佗的人中穴和百匯穴等穴位，華佗仍是毫無反應，但是把華佗的脈搏，又在正常跳動。

就這樣過了兩個多時辰，華佗終於醒了過來，迷迷糊糊，一副醉酒的樣子。家人將剛才的經過告訴了華佗。華佗聽後大驚，連忙問家人：難道針刺我的穴位，我也沒有醒過來嗎？"家人連連搖頭。

華佗陷入了深思之中。如果真如家人所說，酩酊大醉之人可以毫無知覺，那在手術過程當中，患者如果可以這樣的話，豈不是能減輕許多痛苦？於是，華佗開始嘗試在動手術之前給患者空腹喝下許多酒，用來減輕患者的痛苦。

可是，有些手術持續時間長，流血又多，即使是酩酊大醉，患者也無法堅持到最後。

後來，華佗接到一個中毒的病人。只見這個病人拳頭緊握，全身僵硬一動不動，口吐白沫。華佗詢問患者家人，患者曾患過什麼病？家人說，此人之前身體很健康，從未有過什麼毛病，只是剛剛誤食了幾朵臭麻子花，就變成了這樣。

華佗趕緊讓患者家人將臭麻子花帶來瞧瞧。當患者家人將一棵連花帶果的臭麻子花帶到華佗面前時，華佗用嘴嘗了一點點花瓣，頓覺頭暈目眩，口舌發麻，發覺這植物毒性很大，於是趕緊用清涼解毒的藥物來給患者解毒。

等患者被華佗治好了之後，華佗卻不收患者家人的錢，只是又要了一些臭麻子花做研究用。臭麻子花，也叫作洋金花、曼陀羅，有大毒，大劑量使用，會使精神錯亂，昏迷麻痺或意識模糊，產生幻覺。華佗在多次反復試驗和研究之後，用臭麻子花做成了麻醉藥的原材料。

華佗在之後的行醫過程中，不斷地收集有麻醉作用的藥物，進行炮製，最終製成了麻醉效果十分理想的麻醉藥。術前將麻醉藥與熱酒同服，所以華佗為麻醉藥取名為麻沸散。

也有傳說，華佗的兒子誤食了曼陀羅的果實，中毒身亡。華佗萬分悲痛之下，苦心研究曼陀羅的成分，製成了麻醉劑，並製成了手術用的麻沸散，用來紀念兒子。

傳聞後來華佗建議曹操用開顱手術治療頭痛，曹操疑心華佗的動機，於是殺掉了他。而麻沸散的配方也隨著華佗的去世而遺失了，沒有留存下來。有的說是被華佗的妻子在情急之下焚燒毀掉了；也有的

曼陀羅

說，燒掉的是副本，正本留在家中。 但無論如何，華佗死後，再無第二人知曉麻沸散的配方。

《後漢書·華佗傳》中記載：若疾發結於內，針藥所不能及者，乃令先以酒服麻沸散，既醉無知覺，因刳破腹背，抽割積聚。"意思是說，內發疾病，如果不能夠用針藥祛除，就先用熱酒服麻沸散，然後剖開腹背，割掉腫瘤。這段文字的紀錄，說明華佗是世界上第一個用麻醉藥進行麻醉之後，剖開腹腔進行手術的人。這樣的手術，即使在今天，也稱得上是需要慎之又慎的大手術，麻醉這一步驟更是至關重要。由此可見，華佗在當時已經掌握了麻醉要領，才使得手術得以成功。

2. 配方之謎

關於麻沸散的配方，隨著華佗的離世也就失傳了，再也沒有人知道華佗的麻沸散究竟是用什麼原料配伍炮製而成。

後人經過多方考證，對已經失傳的麻沸散配方做出種種推測。有人發現，麻沸散的主要成分有可能就是上文所提到的曼陀羅花，也就是洋金花。也有人說，麻沸散當中的主要成分是莨菪子。《神農本草經》中記載莨菪子：多食使人狂走。"即食用過量的莨菪子之後能夠因麻醉效果而使人精神錯亂。受到華佗的啟發，後人不斷地研究麻醉劑的配方。

宋代的竇材在《扁鵲心書》中記載一種麻醉方：人難以忍受燃燒艾草燒灼的疼痛感，服用此種麻醉方之後，便昏睡了過去，也不知疼痛了。這種麻醉方並不傷害身體。山茄花和火麻花碾成粉末，服用三錢之後，便可昏睡過去。其中山茄花即為曼陀羅花的另一種說法，火麻即大麻，而這個方子叫作"睡聖散"。

雖然麻沸散配方失傳，但華佗發明麻沸散，在外科手術史上具有劃時代的意義，這種貢獻也被國際醫學界所廣泛認可，被列為影響世界的100大中國古代發明與發現之一。正是在華佗的啟發之下，人們才致力於研製應用於手術當中的必需品——麻醉劑。

三、方劑學

　　方劑，方指醫方，劑指調劑，方劑即是指治病的藥方。醫學發展史中，開始是用單味藥治療疾病，後發展為複合多種藥物製成湯液，服用後治療同一種疾病。這種選擇將幾種藥物合理地配製起來，在劑量和用法上都有嚴格的規定，就是方劑學所研究的內容，也是始創於中國的一種別具一格的藥物形態。

1. 方劑的由來

　　商朝，商王成湯身邊有一個人叫作伊尹。伊尹是中國第一個見之於甲骨文記載的老師，也是第一個帝王之師，還是第一個負鼎俎、調五味而佐天子治理國家的傑出庖人。

　　伊尹具有許多身份，廚師、帝王之師、相國、巫師。作為一個廚師，伊尹有"烹調之聖"和"廚聖"的尊稱；作為帝王之師，伊尹教給商湯滅掉夏的策略和治民治國之道；作為相國，伊尹輔佐了商湯，商湯的兒子太丁、外丙、中王以及商湯的孫子太甲，是三朝之相國

伊尹

功臣；作為巫師，伊尹創制湯液。

伊尹眾多身份當中，最重要的就是巫師。在一個對迷信深信不疑的時代，巫師具有很高的地位。巫師又兼有醫生的職責和功能，對醫學知識也有所涉獵。

相傳，伊尹所在的時期，有一段時間天下大旱，這一旱就是七年。七年的時間裡，穀物難以生長，無論是奴隸還是貴族，日子都不好過。奴隸紛紛餓死，貴族們也馬上要支撐不下去了。商湯見此狀，憂慮不堪。

於是，商湯決定沐浴齋戒七天七夜，以感動上蒼，求天降甘霖。而老天也終於被商湯的誠心所感動，降下了甘露。商湯渾身上下被淋透，卻也高興得顧不得了。

這之後，淋了雨的商湯大病一場，高燒不退，上吐下瀉，滿口胡言亂語。面對一堆草藥和藥丸，商湯卻無法下嚥。這可急壞了伊尹，伊尹手持這些草藥和藥丸，苦思冥想：怎麼能讓商湯吃下藥去呢？

伊尹靈機一動，能否像烹飪食物一樣，將各種草藥煮成湯液，然後給商湯喝下去呢？伊尹開始行動起來，將草藥搗碎，洗淨，然後將一些碎末熬成了湯液，另一些碎末浸泡在醪醴中，也就是酒液當中，一齊端到了商湯的面前。商湯這下子能夠下嚥了，將湯液喝了下去。

喝了湯液的商湯，不久就痊癒了。商湯十分感激伊尹，並令史官將這件事刻在了甲骨板上。

湯液的出現，使得中醫藥的發展邁出了一大步。首先，完成了單味藥向複合多味藥的改變，提高了藥用的效率；其次，藥物之間進行合理的配伍和應用，減少了藥物的毒性和副作用；最後，湯劑的出現為中醫方劑理論的發展打下了基礎。

2. 方劑理論的發展

《素問·至真要大論》中說："主病之為君，佐君之謂臣，應臣之謂使。"這是最早的"君臣佐使"的說法，始見於《黃帝內經》。君藥是針對病症當中主要病症起治療作用的藥物；臣藥起到輔助君藥，共同發揮療效的作用；佐藥是輔佐君藥起到治療主症或次要症狀的作用，或者起到抑制君藥和臣藥的毒性的作用；使藥是引導藥方中的每一味藥直接到達病症所在部位，並起到調和每味藥的作用。這就是方劑的基本組成，千百年來，方劑理論所研究的內容，大概就是沿著這條主線不斷發展和完善的。

《黃帝內經》中記載 13 首方劑，奠定了中國方劑學最早的理論基礎。

《五十二病方》，是我國最古老的方書，為秦漢時期所作，共載方 283 首。

《傷寒雜病論》，東漢張仲景撰寫，此書被譽為"方書之祖"，共載單方 113 首，複方 245 首，將理法和方藥融為一體，對後世研究方劑有巨大影響。

《肘後備急方》為晉代葛洪所著，其中記載單方 510 首，複方 494 首，且多為急症所用方劑，許多方劑具有簡便、快捷、廉價的優點。

《劉涓子鬼遺方》為晉代劉涓子撰寫，南北朝齊龔慶宣整理。書中共載內外處方 140 餘首，所記載的方劑多為癰疽及金瘡方面的外症用藥。

《千金要方》為唐代孫思邈撰寫，共載方 4500 餘首，另一部著作《千金翼方》載方 2900 餘首，其中許多方劑為孫思邈自創方劑，至今仍在臨床上有廣泛參考意義。

《外台秘要》是唐代王燾所著，共載方 6000 餘首，總結唐代之前的方劑，集於一書。

《太平聖惠方》是宋王朝組織，北宋王懷隱等撰寫而成，共載方 16834 首，書中按照類別分別敘述各科的病因、病理、病徵及所對應的方劑，方劑的用量及宜忌。此大型方書，方隨症設，藥隨方施，作為醫學教材被應用足有數百年。

《聖濟總錄》是一本官修方劑著作，由宋代趙佶等撰寫，全書共收載藥方 20000 餘首，理論和經驗豐富，方劑以民間良方和醫家秘方為主，集宋代以前方劑之大成。

《太平惠民和劑局方》也是一本官修方劑著作，由宋代陳承、裴宗元等撰寫，全書共

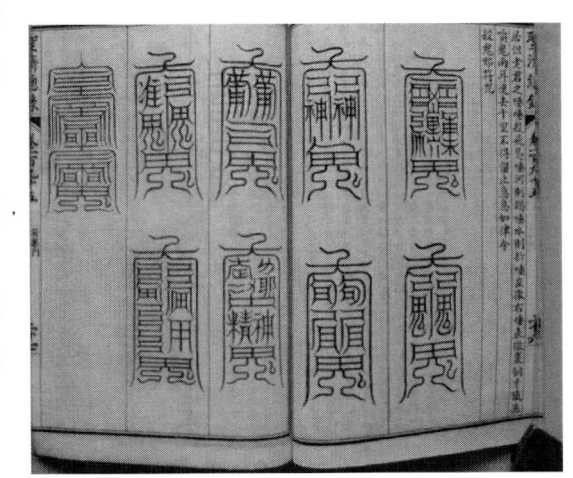

《聖濟總錄》

載方788首，所收方劑均為民間常用且療效甚佳的藥方，並記述了方劑的主治、配伍以及炮製方法，是一部流傳廣泛的臨床方書。

《傷寒明理論》，金代成無己撰寫，選《傷寒雜病論》常用方20首，並著重強調配伍制使的關係，所以此書也是我國第一部研究方劑配伍理論的專著。

《宣明論方》，金代劉完素所作，劉完素結合臨床實踐經驗，大膽地嘗試制訂處方，並且善用寒涼藥。

《儒門事親》由金代張從正撰寫而成，重以五穀、五菜、五果、五畜充養之，並擅長攻下之法。

《脾胃論》為金代李杲所作，其中諸多補益脾胃的藥方，如補中益氣湯、升陽散火湯、益氣活血湯等，臨床價值極高，效果顯著。

《丹溪心法》為元代朱丹溪撰寫，書中滋陰方劑內容豐富。

《普濟方》是明朝編修的一部大型醫學方書，由朱橚、滕碩等編寫，共載方多達61739首，是我國所載方劑最多的一本方書，內容豐富翔實，是十分寶貴的方書資料。

《湯頭歌訣》是清代汪昂撰寫，被認為是入門性方劑著作，共載常用方劑300餘首，分為補益、攻裡等20類，以七言歌訣的格式加以闡釋，押韻且朗朗上口，為醫者廣泛接受。

以上是中醫發展過程當中，記載方劑較為豐富、影響較大的醫學著作。每一部醫學著作都記載和反映所在時代的方劑發展水準。對比過程中不難發現，方劑的內容是在不斷地拓展和豐富、不斷地推敲和認證、不斷地總結和歸納療效、不斷地避免錯誤的過程中，在臨床應用上日漸成熟。

方劑學發展至今日，與現代藥理、化學、生命科學、藥物製劑等諸多學科相互滲透，致力於研發新的可應用於臨床的方劑，努力為人類健康做貢獻，更好地服務於人類。

四、外科

提起外科手術，我們首先想到西醫，想到的是現代的科技化的手術室。但其實，追溯外科手術的歷史，中醫外科學也有著悠久的歷史。

中醫裡的外科手術，是人們在和外科疾病如一些癰瘡腫瘤、乳房病、肛門直腸病等鬥爭過程中，不斷地摸索，不斷地總結所發展起來的醫學中的一個分支。在數千年的發展過程當中，從起源到逐漸成熟，經歷了不同的階段。

1. 最早的外科手術

中國最早的醫學專著《黃帝內經》中《靈樞》裡記載"發於足趾，名脫癰。其狀赤黑，死不治；不赤黑，不死。不衰，急斬之，不則死矣。"也就是說這種病發於腳趾，叫作脫癰，顏色是紅黑色，如果不果斷地將其斬掉，則會死亡。其中針對"脫癰"的治療之法，運用了外科手術的方法"急斬之"。另外，《黃帝內經》中還記載了砭石療法，推動了外科手術的進程。

在《列子·湯問》中記載這樣一則故事：有兩個病人同來求醫於扁鵲，一個是魯國的公扈，一個是趙國的齊嬰，扁鵲將兩人的疾病治癒。然後，扁鵲對兩人說：先前你們的病是從外侵入到內臟裡面的，藥物和針石可以治愈。但現在，你們有一些與生俱來的疾病和身體一起生長，你們要不要治療？"

兩人忙問：可否先描述一下與生俱來的疾病是何病症？"

扁鵲說，公扈心智剛強，性格柔弱，計謀雖多，卻缺乏武斷力；齊嬰恰好相反，心智柔弱，性格剛強，缺乏計謀，卻十分專斷。如果將兩個人的心互換一下，方可變好。

扁鵲給兩人服下毒酒，兩人昏迷三天。扁鵲剖開兩人的胸膛，取出心臟，並互換。之後再喂兩個人以奇藥，兩人蘇醒之後，各自回家。但公扈回到了趙國齊嬰的家，齊嬰妻子兒女不認識他；而齊嬰回到魯國公扈的家，公扈的妻子兒女同樣也不認識齊嬰。兩家就此打起官司來，扁鵲來對證，方才知道事情的始末。

這則小故事，記載了扁鵲當時給人換心的手術故事，可不可信有待考證，但可以看出在扁鵲所在的戰國時期，已經具有剖開胸膛置換器官的思想。

到東漢時期，"外科鼻祖"華佗的出現，將中醫外科手術推進了一大步，使外科手術的水準上升到一個新的層面。千百年來，華佗為關羽"刮骨療傷"的事蹟膾炙人口，而其發明的專門在外科手術過程當中用來麻醉的麻沸散，更是舉世皆知。

每當華佗遇到用針刺和湯藥都無法治癒的病人時，就先用麻沸散將病人麻醉，然後利用外科手術的方法，剖開腹背，割掉發病的部位，患者便能被治癒。如果患者發病的部位在腸胃，就割開腸胃進行洗滌，然後再縫合上並敷以草藥。傷口一般在四五天后癒合，疾病則在月餘之後痊癒。華佗為患者剖腹，是世界醫學史上記載到的最早用全身麻醉進行的手術。

有一次，華佗遇到一個肚子疼痛的人，開始喊著疼痛，後來聲音漸漸微弱了下來。華佗為其診脈，又按了他的肚子，發現病人患的是腸癰。因為病症十分急，時刻有危險，華佗立刻給病人服了麻沸散，等病人麻醉後，為其動了手術，後又加上華佗為其敷草藥進行調養，一個月，身體便痊癒了。

華佗用麻沸散麻醉患者後做手術

在當時，華佗對

腫瘤的切除和胃腸縫合一類的手術，已經有了相當的經驗，創造了許多醫學奇跡。

以上，是中醫史上早期的外科手術形態。華佗所帶來的外科思想和寶貴經驗，揭開了中醫內外科手術的神秘面紗。

2. 中醫外科的發展歷程

由於封建思想長期以來佔據主導地位，人體的神秘性和完整性被人們接受和認可，所以，中醫外科的發展一直步履維艱。但許多醫者秉承治病救人的理念，拋卻封建束縛，不斷地探究各種疾病的治療方法，使得中醫外科在不同的時期或慢或快地發展。

魏晉南北朝時期，是中醫外科發展較為迅速的時期。這一時期，有一位著名的道士和醫學家，叫作葛洪。葛洪所著的《肘後備急方》主要是針對一些急症疾病的治療方法，裡面有很多外傷的療法和一些疾病的外療法。比如，葛洪用狗腦敷在被狗咬傷的部位，用來治療狂犬病，所應用的就是現代醫學中所講的免疫法。葛洪還用海帶來治療癭瘤，癭瘤為中醫裡的說法，現代醫學中叫作甲狀腺腫大，葛洪治療癭瘤所運用的原理也同現代醫學一樣，用含碘食物治療甲狀腺疾病。

南北朝時期另一位在外科方面有所造詣的醫生，名為劉涓子，著有《劉涓子鬼遺方》。魏晉南北朝之後，服石之風盛行，得癰疽的人特別多。所以，根據時代的需要，劉涓子研究癰疽等外科疾病，並根據其平生的行醫經驗，著述了《劉涓子鬼遺方》，詳盡地敘述了癰疽的病因、病徵及治療方法，還涉及金創、箭鏃之傷、瘀血、止痛止血等外科療法。書中所載處方實用價值很大，如癰疽應用清熱解毒藥，腸癰應服用大黃湯，但膿成不可服等，均符合現代醫學要求。這部專門的外科醫書，是我國較早的外科專書，也比較全面地總結了晉代之前的外科成就，也表現出了晉代外科的發展水準。

到了隋朝，在巢元方編寫的《諸病源候論》這部病因病機學專著當中，涉及許多外科內容，如癭瘤、癰疽、丹毒、痔瘡、獸蛇咬傷等。其中，對皮膚病的研究已經十分深入，共記載 40 種皮膚病，對一些皮膚病病因的認識，甚至達到了現代醫學水準所要求的高度。例如在辨別皮膚病的病症時，巢元方說：濕疥者，小瘡皮薄，常有汁出，並皆有蟲。人往往以針頭挑得，狀如水內瘑蟲。"濕疥指的是疥瘡，描述精准到位。書中記載：腸兩頭見者，可速續之，先以針縷如法連續斷腸，便取雞血塗其際。"這說明，巢元方對腹部手術已有一定的認識和經驗。此外，書中還有結紮血管、拔牙等外科手術方法的描述。

　　唐代孫思邈，在其編寫的《千金要方》中也體現了大量的外科治療手段。如用蔥管導尿的方法治療排尿困難，同今天用導管導尿的原理一樣。孫思邈的方法比歐洲發明橡膠管導尿早了1200多年。

　　宋代外科的發展，已經達到比較成熟的階段。這一時期的中醫外科，特點是在病機分析上重視整體與局部的關係，並且在治療上著重將扶正與袪邪相結合，將內治法與外治法聯合應用。官修醫學典籍《太平聖惠方》中記載了用砒劑治療痔瘡，蟾酥酒止血止痛；並有外科手術器械消毒的記述，如用燒灼法消毒手術器械等。

　　元代的外科，繼承了元以前各種外科臨床實踐經驗，並在此基礎上提出新的觀點，認為外科病是陰陽不和、氣血凝滯所致。如治療瘡瘍應首先辨別陰陽虛實。元代的外科專著《外科精要》，由陳自明撰寫，重點敘述癰疽發背的鑒別、診斷及灸法、用藥等。陳自明認為，外科用藥，應根據經絡虛實，因證施治。不能夠拘泥於熱毒內攻之法，而專用寒涼之劑來攻克。還有元代危亦林所著《世醫得效方》，是一本創傷外科專著。此書在正骨方面有精確記述，對骨折部位的分類、骨折脫位之後的復位方法和在正骨過程中所應用的麻醉術，都有詳盡的闡述，對骨科的發展貢獻巨

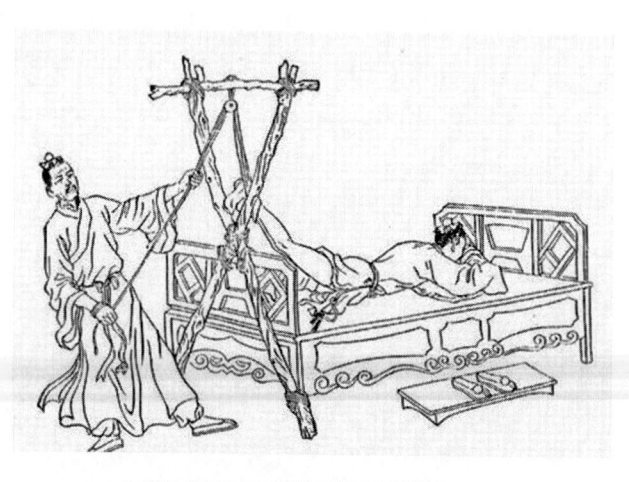

危亦林用懸吊牽引復位法治療脊椎損傷

大，也代表了金元時期中國骨科的發展水準，在當時的世界醫學中位於前列。

明清時代，中醫外科已經發展得較為成熟，豐富的外科專著，使得外科實踐和理論也十分豐富，並形成眾多流派。如薛己撰寫的《外科樞要》，主要論述瘡瘍診候辨證，並根據病症配以方藥。在書中，薛己首次敘述了新生兒破傷風的治療情況。汪機則在《外科理例》中強調治外必本諸內的思想。陳司成在《黴瘡秘錄》中首次闡述了梅毒的性狀和治療方法，是世界上首次記載使用砷劑治療梅毒的。清代另一部影響較為深遠的中醫著作《外科全生集》，是王維德所作，書中創立了將外科分為陰陽兩類，進行辨證論治的法則，總述癰疽病因、症狀以及治療方法共 29 種，對臨床實踐參考價值較大。此外，還有《外證醫案彙編》《外科秘錄》《瘍科綱要》和《瘍科大全》等外科典籍，對外科的發展具有一定的貢獻。

3. 清創縫合術的發明

清創縫合術是我國中醫史上較為重要的發明之一，每朝每代，都有所發展。清創縫合術是針對人體開放性損傷的處理和治療方法。

晉代葛洪，首次應用鹽水清洗傷口，然後再敷以草藥，進行手術。

《諸病源候論》中有關腸吻合術的記載，說明當中已經能夠做斷腸清創縫合包紮術。

到了隋唐時期，清創縫合術有所發展，對施行手術的環境和條件都有了較高的要求，縫合傷口所用的工具品質也有所提高，尤其是桑皮線的發明。

桑皮線是取桑樹的根部，將根部的黃皮去掉，留下內部的纖維層，經過加工之後得到纖維線。這種纖維線是白色的，十分柔軟，不易折斷，特別適合縫合皮膚，製作起來也比較簡便。桑皮線除了上述優點之外，還有一定的藥性作用，其藥性平和，能夠清熱解毒，有利於促進傷口的癒合。

明代於慎行在《穀山筆塵》中記載道，在武則天長壽三年（694 年），有人密告武則天其皇嗣李旦有異心，想密謀造反，於是武則天派來俊臣審理。來俊臣是出了名的酷吏，心狠手辣，擅長用酷刑來逼供。來俊臣用嚴酷的刑罰逼供，要李旦的下人供出李旦密謀造反的證據。李旦手下有一人叫安金藏，這人在酷刑之下，寧死不屈，並對來俊臣說，皇嗣絕無謀反之心，我可以挖心證明。於是，安金藏拔刀剖腹，瞬間露出五臟，滿地鮮血。武則天見此狀，幡然醒悟，趕緊差人將安金藏帶入宮中進行治療。醫官們為安金藏將五臟重新復位，又用桑皮線將傷口縫合，在傷口處敷上草藥，救活了安金藏。武則天也因此不再追究此事。

桑樹根

除此次記載，在巢元方的《諸病源候論》、王燾的《外台秘要》、孫思邈的《千金要方》等醫學典籍中，皆有用桑皮線縫合傷口的記載。

清創縫合術的發明和發展，使新鮮傷口的處理和治療得到了很好的保障，並且在全世界的清創縫合術的發明與創造中，屬於前列。

五、針灸術

針灸，是針法和灸法的合稱。針法是將毫針刺入患者取好的穴位當中，然後運用一定的手法來治療疾病。灸法則是將燃燒著的艾絨溫灼於穴位上的皮膚表面，再用熏灼所產生的熱刺激來治療疾病。針灸是中國特有的治療疾病的手段，也是我國醫學上的珍貴遺產，是中醫史上燦爛的一筆。

1. 針灸的起源

針灸，在中醫的發展史中出現比較早，有了中醫史，基本上就有了針灸的記載。

早在遠古時代，我們的祖先就發現，身上某處的疼痛，經過揉按，或者用楔狀的石塊和帶尖刺的荊棘等刺激疼痛處，能夠使疼痛有所緩解。這樣的情況反復多次之後，逐漸引起了人們的注意，並開始總結規律。

由於遠古時代的人們常年居住在山洞中，大部分山洞裡面陰冷潮濕。所以，人們患有不同程度上的風濕，也時常被風濕的疼痛所折磨。但人們發現，如果用帶刺的東西將某一部位刺破，放出一些血來，會減輕疼痛，舒服很多。

到了新石器時代，人們已經逐漸地掌握了這種針刺緩解疼痛的方法，並有意地製作和打磨這種能夠針刺身體緩解疼痛的工具。而這一時代，人們所選擇的工具就是石頭。石頭經過精細的打磨，便成為日後廣泛應用於臨床的砭石。

灸法同樣是在遠古時代，天氣寒冷，人們使用篝火取暖和煮食物時偶然發現的。人們圍在篝火的旁邊時，會被噴濺出來的火星灼傷皮膚，但被火星灼傷皮膚的時候，有另外一種神奇的效果，那就是減緩了之前這個部位的疼痛。如此一來，人們反覆試驗，發現的確有此效果，也並非是偶爾，於是，又找來了易於燃燒的植物，溫灼身體上疼痛的部位。艾葉在當時是一種比較常見的植物，易於燃燒，資源又豐富，人們理所當然地把艾葉當作燃燒的原料。並且，艾葉在燃燒的時候能夠散發出一股特殊的香氣來，這也是人們選擇艾葉的一個理由。

《黃帝內經》中《素問·病能論》裡記載："有病頸癰者，或石治之，或針灸治之而皆已。"《黃帝內經》成書於戰國時期，是我國最早的醫書典籍之一，這說明針灸在這之前，就已成熟地應用於臨床。

2. 針灸的發展

從古代的醫術典籍裡，我們不難發現針灸從無章法到逐漸規範統一，經歷了一個漫長的過程。

《孟子》中記載："七年之病，求三年之艾也。"皇甫謐在《帝王世紀》中記載伏羲"嘗百藥而制九針"。這些都是我國針灸最初的形態。

在《黃帝內經》當中，已經形成了完整的經絡系統，對經絡、腧穴、適用症和針灸的手法等都已經做出了詳細的論述。尤其是《黃帝內經》中的《靈樞》部分，對針灸理論的記載相當豐富，所以《靈樞》又被稱為《針經》，是對針灸的第一次完整總結。

其後，漢代出現的《黃帝八十一難經》一書，簡稱《難經》，相傳為扁鵲所著。書中注釋了《黃帝內經》中的疑難，並在此基礎之上討論了81個問題，分為經絡、腧穴、針刺等共13個部分。其中，有大量的關於針灸的內容，約占全書的三分之一，為後世研究針灸提供了寶貴資料。

晉代皇甫謐苦心鑽研前人留下的典籍中的針灸方法和經驗，並根據自身實踐經驗，撰寫《針灸甲乙經》。皇甫謐全面而系統地描述了人體的臟腑經絡，共確定349個穴位，針對每一個穴位的位置、針刺方法、對症主治等做出詳細敘述，是針灸的第二次完整總結。

唐朝時期，醫學發展和進步十分迅速，內外交流廣泛。這一時期，針灸的發展也十分迅速，並借助文化交流，被廣泛地傳播到異域。唐代孫思邈在《千金要方》當中繪製了《明堂三人圖》。彩色的《明堂三人圖》為針灸的標准化提供了寶貴的資料。

　　到了宋代，針灸銅人的出現，使得針灸的發展向前邁進了一大步。

　　元明時期，針灸理論研究越發深化，有關針灸的醫學典籍也比較豐富，如《十四經發揮》《針灸大全》《針灸四書》《針灸大成》等，都對針灸的發展做出了相應貢獻，尤其《針灸大成》。《針灸大成》是明代楊繼洲所著，書中總結了明代以前針灸方面的學術經驗和成就，收載了大量的針灸歌賦，對穴位的名稱和位置加以考訂，並在書中插入全身圖和局部圖，使得描述更為直觀，方便查閱和學習，是一部對臨床和研究都十分有價值的針灸類專著。

　　清朝至民國時期，針灸逐漸走向衰落。中醫一度被政府下令廢止，針灸也受到衝擊。

　　中華人民共和國成立之後，許多不曾放棄針灸的醫生在中醫政策的影響之下，重新研究前人留下的寶貴經驗，並在醫學院校當中開設針灸專業，授以專門的針灸課程。

　　2010 年 11 月 16 日，中醫針灸被列入《人類非物質文化遺產代表作名錄》，正式成為中國文化走向世界的"名片"之一。

3. 針灸銅人的發明

　　北宋初期，許多針灸書籍流傳於世，且因年代不同，作者不同，內容都有所差異，甚至連穴位和經絡走向等都有許多錯誤和漏洞。因此，許多針灸書籍上的錯誤和漏洞誤導了當時的醫者。

　　當時有一位翰林醫官院的醫官，叫王惟一，他醫術高超，尤其對針灸學研究頗深。他和同行發現，雖然他們所在的朝代十分盛行針灸之術，用來指導臨床實踐的書籍也很豐富，可是古籍當中的錯誤實在是太多。於是，王惟一多次上書當朝皇帝宋仁宗趙禎，請求規範針灸圖譜等。最終，宋仁宗詔令王惟一，考訂針灸經絡。

王惟一接旨後，開始總結前人的針灸經驗，並重新考證經絡位置，親自設計銅人。在製作銅人的過程當中，因為當時的條件限制，難關重重。王惟一在整個過程中，和製作銅人的工匠們工作在一起，生活也在一起，兢兢業業。

終於，在宋天聖五年（1027年），兩具佈滿針灸穴位和經脈走向的銅人製作完成。這兩具銅人，和成年男性一般身高，能夠拆卸開外殼，裡面五臟六腑完整。五臟六腑的形狀大小和所在位置基本正確。在銅人身體的表面，清晰地刻畫著人體的14條經絡循行路線。每一條經絡上面都有詳細地標注出穴位的位置和名稱。整個銅人，無論是經絡還是穴位，都嚴格按照正常人體的位置和比例，力求精準。

據說，這兩具銅人被用來考驗學生們掌握經絡和穴位的程度時，表面塗滿蠟，裡面灌滿水，再給銅人穿上外衣。被考驗的學生如果能夠精准地刺入穴位，就會有水流出；如不能找准穴位，則針無法刺透。

王惟一完成了這兩座針灸銅人，給宋仁宗查看，並在一旁為宋仁宗講解。宋仁宗讚不絕口，當即下令，將一座銅人放在醫官院，供醫生們學習和參考之用，另一座則放在宮裡作為藝術品觀賞。

王惟一還撰寫了一本《銅人腧穴針灸圖經》，簡稱《銅人經》或《銅人》，也是因針灸銅人而得名。書中參考名家之說，並予以修訂和規範，詳細敘述了經絡和穴位的位置，並在書中繪製經脈腧穴圖。《銅人腧穴針灸圖經》內容豐富真實，立體感強，給人直觀的經絡穴位指導，並且結合針灸銅人的實物參照，意義巨大。

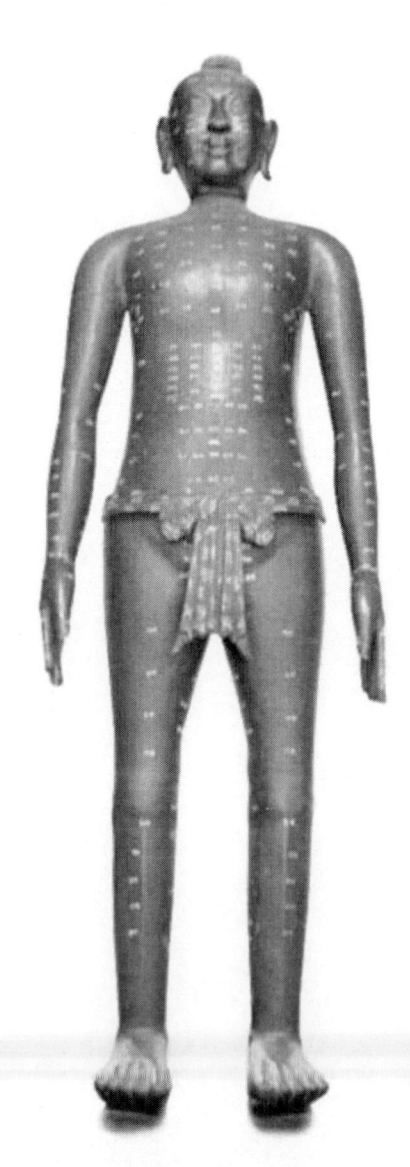

仿製針灸銅人

相傳，宋仁宗趙禎在看完王惟一撰寫的《銅人腧穴針灸圖經》之後，讚歎不已，馬上下令："禦編圖經已經完成，把它刻在石上，以便傳到後代。"於是，經絡腧穴圖被刻在了大相國寺仁濟殿的"針灸圖石壁堂"上。這些刻石，至今仍有部分保存完好。

針灸銅人和《銅人腧穴針灸圖經》的問世，大大促進了針灸的教學發展，對當時的醫學生學習經絡穴位實用性非常強，並且不僅僅在針灸這一方面，對中醫裡的人體解剖、經穴的研究和一些病症的治療等，也有一定貢獻。但可惜的是，如此寶貴的針灸銅人，卻遺失了。

宋金戰爭之時，金人提出的其中一條議和條件，就是向宋索要針灸銅人。可見，針灸銅人在當時的地位之重。針灸銅人也因此遭到許多人的覬覦。經歷了元、明、清這幾個朝代，針灸銅人最終不知落到何處。

有國人曾在日本的醫學博覽會上看到過針灸銅人的身影，並認為那就是宋代的針灸銅人。後又被證實，在日本東京博物館，確有針灸銅人。人們紛紛猜測，是否是宋代失蹤的銅人。針灸銅人作為宋代的國寶，它的遺失無疑是一筆巨大的損失。

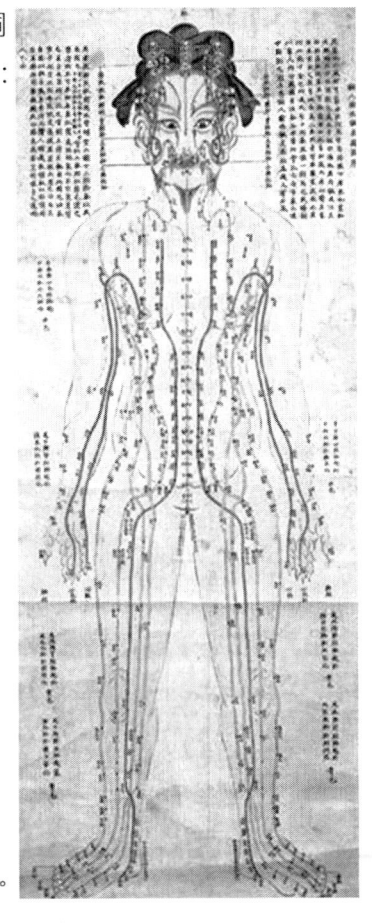

針灸銅人圖解

宋代之後，相繼又有明清時代仿製宋代的銅人出現。明正統年間，仿製的銅人叫作"明正統仿宋天聖針灸銅人"，是我國現存最早的銅人。明嘉靖年間，製作出一具形似兒童的銅人。清乾隆年間，清政府下令獎勵給《醫宗金鑒》編撰人之一的福海一具小銅人。這個銅人是一具面目慈祥的老婦人，全身遍佈經絡和穴位，但沒有標注穴位名稱。民國時期，北京同濟堂藥鋪制作出一具光頭裸體兒童小銅人。這具銅人全身共647個穴位，共有344個穴位名稱，體內有清晰的彩繪器官。另外，蒙醫也製作出一具成年男子銅人，具有鮮明的蒙古族特點，全身共有穴位538個，但穴位的位置和分佈點與漢醫有所不同，更多體現的是蒙醫的特色。

　　針灸銅人的背後，是歷代醫學家對經絡和穴位精心鑽研成果的總結，也是中醫文化中有關針灸文化的傳承，彙集了古代醫生們的智慧。直至今日，針灸銅人在中醫裡的"身份地位"仍然顯赫。

六、人痘接種術

"天花"是一種非常嚴重的傳染病,傳染者死亡率極高。在古代醫書中"痘瘡"和"皰瘡"都是天花的別名。在很長一段時間之內,人們對天花的肆虐束手無策,毫無辦法。即使沒有被天花奪走生命,臉上也會留下疤痕,俗稱"麻子",天花也是由此得名。經過千百年來的鬥爭,醫者們終於發明了以人痘接種的方法來預防可怕的天花。這種方法不僅使中國人得益,並且引起了其他國家的注意和效仿,最終將天花在這個世界上徹底消滅。

1. 人痘接種術的發現

滿族人入關之前,還未發現有天花這種疾病。等到滿族人開始入關之後,首先被發現患上天花的是入關的清兵。

由於北方天氣寒冷,而滿族人還未遭受過天花的侵襲,本身免疫力很低,所以對天花毫無抵抗之力。相傳清朝的順治帝,就是死於天花。可怕的疾病連皇帝的生命都奪走了,引起了當時人們的恐慌。據史料記載,這種可怕的傳染性疾病先後奪走了 5 億人的生命。

但是,醫家們經過仔細研究和觀察發現,這種在中醫裡被稱為"痘瘡"的傳染性疾病,只要是得過一次,今後一般都不會再得。就算是得了,起碼距離前一次發病時間上會有所推後,且症狀上較輕,不至於輕易地奪走病患的生命。這一發現意義重大,眾多醫家開始根據這個切入點著手研究天花。

清代醫生張琰在晚年撰寫醫著《種痘新書》中說:余祖承聶久吾先生之

教,種痘箕裘,已經數代。"張琰世代業醫,承聶久吾先生的種痘之術,並普及種痘之術。聶久吾即為聶尚恒,在聶久吾撰寫的《活幼心法》當中,並無種痘術的記錄。但張琰的說法是,聶久吾是因不願將此法披露,因而秘傳。張琰在《種痘新書》中還說:種痘者八九千人,其莫救者二三十耳。"根據張琰的記載,自16世紀以來,種痘術開始普及,種痘術開始作為學問師承下來。

朱純嘏在《痘疹定論》中記載,宋真宗或宋仁宗時期,四川的峨眉山一帶有一個神醫,會種痘之術。後來被傳到了開封府,在開封府裡為宰相王旦的兒子王素種痘,並且種痘成功。這位被種痘成功的王素在後來活到了67歲。朱純嘏描述的時間和地方都較為詳細,連人物姓名也一一俱全。其種痘的原理和症狀也是符合科學的,王素在種痘7天之後,開始發熱。這是因為,所有的疫苗和這種接種的原理,都是將去了活性的病毒注射入人體內,人體內產生抗體,繼而產生免疫力。日後再有此種病毒入侵人體時,先前體內產生的抗體就會迅速消滅掉病毒。但故事究竟是不是真實的,人們並不知道。如果朱純嘏所述為真,那麼早在宋代,中國的醫者就已經發現了通過種痘預防天花這一方法。

清代俞茂鯤撰寫的《痘科金鏡賦集解》中記載,種痘的方法起始於明隆慶年間,在甯國府的太平縣,具體人物姓名無法查證,得之異人,丹徒之家。如此一來,種痘開始廣泛傳播下來。到如今,種痘的人還多是甯國之人。這是《痘科金鏡賦集解》中關於種痘的具體時間描述。

雖然對於種痘術始於何時,究竟為誰所發明,至今仍無定論。但可以推測的是,種痘術應該是發現得較早,但是秘方秘而不傳,沒有得到廣泛的推廣。直到清朝時期,種痘才推廣起來。

相傳順治皇帝死於天花。康熙也曾染過天花,但僥倖存活了下來。1682年,康熙在《庭訓格言》中寫道:訓曰:國初人多畏出痘,至朕得種痘方,諸子女及爾等子女,皆以種痘得無恙。今邊外四十九旗及喀爾喀諸藩,俱命種痘;凡所種皆得善愈。嘗記初種時,年老人尚以為怪,朕堅意為之,遂全此千萬人之生者,豈偶然耶?"由此可見,到了清朝時期,皇帝親自推廣的種痘之術,不再是秘傳之方,也由於是皇帝親自推廣,所以影響面極大。

自此以後,中國大地之上的兒童普遍用種痘之術來預防天花,也因此在很大的程度上遏制了天花的肆虐，但這時，天花在西方仍呈現出肆虐的狀態。

2. 傳入國外

清朝時期，國人已經開始普遍利用種痘的方法預防天花，但在西方，仍沒有找到一種有效的方法來遏制天花。

康熙當時大力推行人痘接種術預防天花，但僅限於中國領土。當國外得知中國有好的方法來預防天花之後，開始派人前來學習。俄國首次於1688年派了醫師來中國學習人痘接種術。餘正燮在《癸巳存稿》中記載了俄國人來京學習種痘術的事，這是有文獻記載的第一個來中國學習人痘接種術的國家。

有研究者稱，早在18世紀初，英國的航海家們就將人痘接種術傳回了祖國，繼而傳遍歐洲。也有說法是，英國的傳教醫師德貞來到中國，並撰寫《牛痘考》，文中記載：自康熙五十六年（1717年），有國醫種天花於其使之夫人，嗣後英使夫人，隨傳其術於本國，於是其術倡行於歐洲。"對於這段記載，被認為是英國公使夫人蒙塔古，在土耳其的時候學會了人痘接種術。回到英國之後，蒙塔古憑藉此術贏得了女王的讚賞。

至於土耳其的人痘接種術是從哪一國家引入，普遍認為是由中國傳入。而中國的鄰國，如朝鮮、日本等國，也早在18世紀初就已經開始推廣人痘接種術了。

此後，人痘接種術不斷被推廣，不斷被應用於天花的預防。1796年，愛德華·琴納，一個偉大的鄉村醫生，在人痘接種術的基礎之上發明了牛痘接種術，用來代替人痘接種術預防天花，拯救了無數人的生命，也遏制了天花的肆虐，至此開闢了醫學領域當中另一條嶄新的道路。

3. 全球最後一名天花病人

天花曾經以惡魔的姿態凌虐人們的肉體數千年，是可怕的傳染病之一。

但是，這種可怕的疾病，也是唯一被完全征服和消滅的傳染病。

1977年10月26日，最後一個天花病人，索馬里的一個炊事員，被成功治癒。至此，最後一個天花病人被治癒。

但是，在現在，世界上還有兩家安全級別最高的實驗室仍然培養著天花病毒，用來研究和觀察，分別是莫斯科實驗室和亞特蘭大實驗室。有科學家認為，雖然在1977年已經阻止了可怕的天花病毒在人類肉體中的肆虐，阻止了天花病毒對人類的侵害，但是如果要完全消滅掉天花病毒，目前來說唯一要做的，就是完全消滅掉這兩所實驗室中的天花病毒。

有人說，最後一個天花病人，就是被實驗室中流出來的天花病毒所感染。因此，世界衛生組織對於是否保存天花病毒以進行研究，仍存爭議。

無論如何，目前為止，人類徹底征服天花這一歷史事件，仍是一項十分偉大的成就。

七、中藥注射劑

中醫發展至今，既繼承了傳統的醫學智慧，也融和了現代的醫學思想，成為適用於當今醫療環境的一門科學。中藥注射劑便是中醫理論的一個重要產物，也是現代中醫發展的一大重要成就。

中藥注射劑，以中醫理論作為指導，利用現代科學技術和方法，從中藥或者天然藥物當中提取有效成分，製作成注射劑。

在使用注射劑進行人體給藥的時候，繞過了人體皮膚這一層保護屏障，又避開了人體肝臟的代謝，直接進入到人體的各個組織和器官。一方面，藥物作用於人體的速度快，另一方面，藥物被利用的程度高。所以，當中藥的提取物作為注射液應用於臨床治療疾病之後，中醫的發展又上了一個臺階。

1. 中藥注射劑的發展階段

中藥注射劑最早出現於 20 世紀的五六十年代。 在上海等地，研製出了"板藍根注射液"等 20 餘種中藥注射劑。當時，針劑應用於臨床的劑量十分小，一般都是低於 2 毫升的注射液。這樣劑量的注射液一般都以肌肉注射的形式應用於臨床醫療，並一直沿用到 20 世紀的 80 年代。80 年代之後，隨著醫療科學的不斷進步和發展，中藥注射劑也有了一定的發展。首先由小劑量和肌肉注射，逐漸發展為大劑量和靜脈注射，並且逐漸淘汰了大批之前應用起來效果不顯著的中藥注射劑。

當時，"雙黃連"是第一個大劑量注射的粉末狀針劑，"刺五加"是第一個大劑量靜脈注射的中藥注射劑。這一期間，從製藥的管理、製藥的技術和品質監督，都有了很大的提高，尤其是製藥的技術工藝有了很大程度的飛躍。

新世紀以來，中藥注射劑的製備愈發完善。目前應用於臨床，效果比較好的中藥注射劑，常見的有清開靈注射劑、注射用雙黃連等。

雖然中藥注射劑的發展愈發完善，但是，一個更加嚴峻的問題亟待解決，那就是中藥注射劑一直以來都存在的安全性問題。這也是中藥注射劑在今後的發展中，所面臨的問題和必須要突破的瓶頸。

2. 中藥注射劑的特點

中藥注射劑相比於其他注射劑，有諸多特點。

首先是見效快，效果明顯；其次在綜合作用上，略勝一籌；再者許多中藥製劑有營養人體細胞的功能，這是十分可貴的一大優點；另外，中藥注射劑在臨床上，對抗腫瘤、抗細菌病毒感染和心腦血管方面的效果尤為顯著。

但是，在大家的印象當中，似乎中藥注射劑總是會引起不良反應，給人一種不安全的感覺。諸如在臨床上，中藥注射劑有時會引發過敏反應，如皮疹或蕁麻疹，還有可能出現全身無力、心跳加速等症狀。其實這些大多都是人為的因素所致。例如，中藥有效成分在提取過程當中，被污染了細菌，或者提取純度不夠，還存留一些植物成分或者草藥中含有的毒性物質。所以，只有在製作工藝當中，真正掌握製作技術，才能夠將中藥注射劑製作成安全可靠的藥劑，供患者使用，更好地服務於臨床。

隨著科技的發展，我們相信中藥注射劑的前景將會更加廣闊，並將走向世界，讓越來越多的人受惠於這一中醫成果。

第五編　登上世界舞臺的中醫

　　幾千年的中醫實踐顯示出了它強大的生命力，不僅保衛了中華民族的繁榮昌盛，古代中醫在世界範圍內的傳播，更為世界人民的健康做出了重大的貢獻。放眼當代，中醫文化在世界各地萌芽與開花。它不僅影響世界，而且將更好地服務於世界。

一、璀璨的中醫文化

中國有著五千年的悠久歷史，是世界文明的發源地之一，中醫作為中華文化的瑰寶，積累了豐富的醫藥學知識和臨床經驗，也是各國爭相學習的物件。

早在秦漢，中醫就已傳入日本、朝鮮、越南等周邊國家。到了漢代，絲綢之路將中藥材大黃帶到了歐洲。

隋唐時期，百業興盛，國富民強，和世界上許多國家建立起貿易上的往來。與此同時，中醫也隨著經濟貿易的發展而得到交流。

在當時，中國醫學的發展處於世界領先地位，對許多鄰國如日本和朝鮮，產生一定影響。朝鮮和日本在這一時期，不斷派留學生到中國來求學。中醫藥學和醫事制度逐漸被朝鮮所接受，而朝鮮的一些醫學思想也傳入中國，如《外台秘要》中記載了"高麗老師方"。另外，還有一些朝鮮草藥也傳入到中國，如人參、昆布和芝草等。

日本留學生，把儒教和佛教帶回日本的同時，也把中醫學帶入了日本國內，同時還邀請中國學者到日本進行講學。中國的高僧鑒真就是被邀請到日本，在日本傳授經律、醫學知識、藥材辨別方法等的。808年，日本編成《大同類聚方》，由平成天皇的侍醫出雲廣布等編撰完成。這本醫學論著的編撰，是參考當時流傳到日本的中國醫書《黃帝內經》黃帝甲乙經》新修本草》等。

越南在隋唐時期和中國之間交往也十分頻繁，中國許多名士到越南去講學，並把一些文化和醫藥知識一同帶去。同時，越南也把許多草藥或成藥作為貿易商品或相贈禮品帶到了中國，如丁香、白花藤、琥珀、犀角等。

隋唐時期的中印兩國，僧侶頻繁往來，同樣促進了醫藥方面的交流。印度產的藥物如鬱金香和龍腦香等作為貢品送到中國。印度的醫生也到過中國，以眼科醫生為多。

另外，隋唐時期的中國和阿拉伯地區、東南亞的訶陵（古國名）、泥婆羅國（今尼泊爾）等都有來往，因此也有一定的醫藥交流。中醫吸取外域的醫藥精華，同時把自身的醫學知識傳到國外，在交流的過程當中，相互影響，相互促進，使中醫得到豐富和發展。

日本中醫

五代時期，佛教和道教思想經過南北朝時期的長足發展，繼續影響醫學。佛教的醫學思想，以及道教所推崇的養生論，都被五代時期的醫者普遍接受。但無論如何，五代時期統治者對醫學的重視，使醫學發展迅速，為中醫的進步製造了良好的環境和機遇。

10世紀，宋朝經濟繁盛，與海內外50多個國家進行通商貿易，其中，藥材是外銷的主要產品之一，外銷品種和數量都大大增加。宋朝甚至在廣州專門設立市舶司作為管理藥材出口的機構。宋朝製藥業發達，各國來華學習藥物製作方法。

11世紀初，具有"阿拉伯醫學王子"美稱的伊本·西納著成不朽名著《醫典》，長期被歐洲、阿拉伯國家及北非諸國奉為醫學指南，該書作為中世紀歐洲的醫學教科書權威一直被沿用了700多年，是世界醫學史上的醫學經典。這本《醫典》，融合了許多中醫藥學內容，見證了中醫傳播到歐洲、影響西醫的歷史。

明清時期，隨著交通的發展，中外往來人員增加，中外醫學交流盛況空前。《馬可波羅遊記》中，描繪了中藥商貿的盛況，商人們將大量中藥銷往阿拉伯，轉銷北非。

17世紀，中醫被旅遊者、外交官，特別是傳教士介紹到西方各國，中醫西傳後繼續發展。在西方，不少中醫藥學譯著陸續出版，西方醫學著作中也逐漸注重和借鑒中醫成果，甚至形成了不同的學派。《本草綱目》於該時期傳入日本和歐洲，陸續被譯成日、德、英、法、俄等多國文字。英國生物學家達爾文在其著作《人類的由來》中，稱讚《本草綱目》為中國古代的百科全書。

18世紀，中醫針灸在歐洲引起各國重視，還成立了多個專門的研究組織和機構，出版了多種相關著作。這股風潮至20世紀六七十年代發展為一股全球性的"針灸熱""中醫熱"。80年代，"中藥熱"風靡全球，來中國學習中醫的留學生人數位列第二，僅次於學習中文的留學生人數，可見中醫在世界上的影響之大。此外，各國使團和企業紛紛來中國參觀、學習和考察，並洽談中醫藥貿易技術合作。

歷史上的諸多事實表明，中醫在世界醫學史上有著重要的地位，也發揮著其不可替代的重要作用。儘管西醫興盛以來，中醫被指缺乏科學依據而遭受冷落，至今中醫的行醫範圍和中藥的使用依然受到嚴格限制，但中醫為世界醫學所做的貢獻有目共睹。

二、中醫文化的深刻內涵

中華文明以其深厚的文化底蘊造就了博大精深的中醫。中醫不僅僅作為一種醫療衛生手段傳入世界各國，它還是中華上下五千年燦爛文明的一個標誌。

1. 強烈的歷史意識

中國人重史，源於儒家的入世思想，認為讀史可以明智，讀史可以明興亡、知更替，可以醫愚，可以清心。中國人對過去經驗的重視影響到社會、政治、經濟、思想、律法各個方面。臨床經驗在中醫系統中的地位無與倫比，集中體現了中國人強烈的歷史意識，醫史也作為中華文明被一代一代傳承下來，十分寶貴。在世界的舞臺之上，中醫也作為我國歷史文化的一部分，被寫入史冊，作為我國醫學一個標誌性的存在而被世界所認知。

2. 有機的自然主義

道家主張"道法自然"，中醫宣導"天人合一"。《素問·脈要精微論》說："四變之動，脈與之上下，以春應中規，夏應中矩，秋應中衡，冬應中權。"人與天地萬物共成一個和諧的統一體，而萬物相生相剋，須知和諧之道。這種有機的自然主義在人為萬物靈長，以競爭征服世界為生存法則的西方是不多見的。比利時著名學者普利高津曾指出：中醫傳統的學術思想著重研究整體的自發性，協調與協同，現代科學的發展更符合中醫的哲學思想。"由此可見，中醫之中的哲學思想在世界醫學當中，也是值得推敲和深思的。

3. 慈悲為懷的醫道

佛家以慈悲為懷，志在普度眾生，中醫以"大醫精誠"為醫德要旨。唐孫思邈《千金要方》開宗第一卷論述"大醫精誠"，醫者首先要求醫術精湛，其次要求品德高尚，有"大惻隱之心"。文中可見佛教思想深入醫學當中，近代西方傳教士以醫傳教也頗有此理。這種"大醫精誠"的思想也普遍與世界各個國家對醫生的要求所吻合。

如若對中醫追根溯源，究其發展的脈絡，會發現中醫不僅僅是一門學問和技術，更是一種內涵深厚的文化積澱。中華文明數千年綿延不絕，作為文化的重要載體，中醫如同漢字一樣，是中華文明最好的依託，為中華民族的繁衍和生生不息保駕護航。而中醫作為一種具有深遠歷史的醫學文化，也將繼續影響著世界的醫學。

三、對世界醫藥學的貢獻

中醫文化的深刻內涵，一直都在吸引著一些外國人。在神奇的中醫裡面，將一味味草藥，放在一起煮，就能起到神奇的功效，祛除疾病。而草藥當中也有配伍宜忌，其中的學問非常之大。一些外國人一邊驚歎著中醫的神奇，一邊研究起了中藥。

中藥多數直接採用植物、動物、礦物等天然資源。中藥在古籍中通稱本草藥，現代西醫傳入後，為區別西醫、西藥而改稱中醫、中藥。漢代《神農本草經》是我國現存最早的中藥學專著，李時珍《本草綱目》是中藥學集大成者。

中國的醫藥文化有著數千年的發展歷史，底蘊豐厚，至今仍是世界上最先進的醫藥學體系之一。11世紀《醫典》問世後被世界醫學界奉為"醫學經典"，12世紀傳入歐洲後，義大利、法國、德國、英國等各大學的醫學教育都以其為權威教材，直至18世紀末。《醫典》直接繼承了古希臘的醫學遺產，更大量吸收了中國、印度、波斯等國的醫藥學成就，影響深遠。

17世紀，大量中醫藥典籍經過系統的選譯或全譯傳入西方，西方開始出現專門研究中醫的組織和機構，並出版了相關著作，中醫開始作為一個完整的體系被引入西方，為西醫的發展注入新鮮的血液。當時歐洲約有10種與中醫藥相關的圖書出版，包括脈學3種、針灸學5種、藥物學1種、通論1種。波蘭耶穌會傳教士卜彌格所著《中國植物志》一書影響最大，是目前所知最早向西方介紹中國本草學的圖書。蔔彌格的另一本著作《中醫秘典》還介紹了脈診、舌診、中藥製劑等內容。這時期的西方，機械論醫學模式作為一種新的醫學模式已經開始出現並引導西方醫學向近現代醫學邁進。

美國中藥店

20 世紀，西方現代醫學以淩厲之勢掃蕩了各國傳統醫學，相比於體制健全、經過嚴密的科學驗證、有嚴格規範的西醫藥學，各國傳統醫藥學似乎都有欠科學。直到 20 世紀 80 年代，西醫的局限性開始顯現，西藥的毒副作用和耐藥性也有待考察，一股回歸自然、回歸傳統的醫學潮流聲勢日盛。中醫藥便是這股潮流的中流砥柱。

中醫藥獨特的理論體系和應用形式充分反映了中國歷史、文化和自然資源特色。主要來講，中藥在中醫理論指導下重在調節人體平衡，而西藥則在西醫的理論指導下旨在對抗特定疾病。因此，由於作用單一、局部抗病，西醫藥盡管療效顯著，破壞性也大，毒副作用大，而且會導致耐藥性問題。而中醫藥以整體平衡為目標，雖然見效慢，但藥效穩定，整體協調，毒副作用小。

可見，中醫藥學和西醫藥學是兩種不同的體系，可以相輔相成，互為補充。中西結合、相互補充、取長補短必然是未來醫藥學的發展方向，這種趨勢已初現端倪。

四、在世界各地生根發芽

毛澤東曾說過這樣一段話：中國傳統文化裡邊有兩大優秀的東西遲早要走向世界。一個就是我們的烹飪文化，第二個就是中醫藥文化。其他方面如果有爭議的話，這兩方面，我認為將來也不會有爭議，中醫會影響世界，世界會越來越接受。"

隨著中國在世界體系中不斷地發展和強大，中醫在全球範圍內的發展證實了毛主席所說的這一點。20世紀80年代起，中醫在越來越多的國家獲得認可。

在日本，中醫十分發達，日本的綜合醫院中專設"東洋醫學科"臨床科室，又稱作"漢方科"或"和漢診療部"，為門診和其他科室住院病人提供中醫藥治療。2004年起，日本政府規定所有西醫院校必須開設漢方醫藥課程。2006年起，臨床考試中必須包含該方面的試題。這大概要得益於唐朝時期，隨著中國文化流入日本，中醫文化在日本適得其所，得到了很好的利用和發展。

韓國對中醫也是情有獨鍾。在韓國，中醫與當地的醫學結合，形成了"東醫"，1980年更名為"韓醫"。韓國保健衛生部規定11種古典醫籍上的處方藥可由藥廠生產而無須臨床試驗，其中有4種來自我國的古典文獻《景嶽全書》《醫學入門》《壽世保元》和《本草綱目》。目前韓國的中藥市場已達10億美元以上。

除日本、韓國等東亞文化圈內受中國影響較大的國家外，中醫在西方國家同樣聲名日盛。在美國，中醫藥被列入"補充和替代醫療(CAM)"的範疇；在法國，中草藥於1999年被列入法國國家醫療保險名單；在德國，很多藥店都出售中草藥。20世紀90年代中期，德國有10個機構開設"中國醫學"講座，38個醫學院校開設針灸課程，慕尼克大學還成立了"慕尼克模式研究所"，研究包括中醫藥在內的"補充醫學"和西醫的結合運用。

2002年的調查表明,在德國,54%的德國人曾使用中藥,95%的德國人知道中藥,年齡段在20~30歲的德國人,50%曾接受醫生的推薦使用過中藥,並呼籲將中醫納入保險公司的醫療保險中。2007年據世界衛生組織統計,全世界有超過40億人在使用中草藥治病,占世界總人口的80%。法國是歐盟第二大中藥市場,有超過23000家藥店;在英國,10年前中醫診所的數量約為800家,後發展為2000餘家;澳大利亞每年至少有280萬人次看中醫;美國是中藥出口的主要市場之一,有大量中醫研究機構,正計畫對中藥開發和研究投入龐大資金;在衛生事業落後的非洲,隨著中國援非醫療隊的傳播,非洲對中醫的熱潮漸漸形成。

至此可以看出,依據受影響的深度和方式不同,中醫對世界的影響主要可分為兩個方面:

中醫首先影響到日本、朝鮮等周邊國家。在東亞文化圈中,各國受中國政治、思想、文化影響較深,中醫作為大醫,是主導醫學之一,中醫典籍是這些國家醫學的必修內容,他們向中國學習醫學,並且從中國進口大量藥材。這些國家受中醫影響時間長,影響程度深,儘管其中個別國家(如韓國的韓醫)擁有本國國醫,但西醫興起之前,中醫始終是主導醫學乃至為該國國醫。

交通的發展促進了商貿的發展和文化的交流。陸上絲綢之路開始將中醫帶至更遠的中亞乃至歐洲大陸,但還只是零星的、鬆散的,規模不大,不成體系,但一部分藥材作為重要商品也非常受歡迎。當阿拉伯人經由海路來到這個東方的富庶之國,大量的藥材也隨著浩浩蕩蕩的商隊漂洋過海,先是被運往阿拉伯,隨後轉銷歐洲和北非,中醫也同這些藥材一起,被介紹到商隊途經的各地。在這些地方,中醫知識為當地醫學吸收、借鑒,為當地醫學的進一步發展提供了豐富的營養。

直至17世紀,西方旅遊者、外交官特別是傳教士開始大量、系統地翻譯中醫典籍,中醫在歐洲引起了普遍關注。奧地利著名心理學家、醫學家弗洛伊德也曾經潛心研究過脈學。由於中醫傳入時間較晚,且傳入前期只是零散的、碎片式的,這類國家受中醫的影響程度較低。中醫並不像在前類國家中,以一種完整、強大的姿態佔據主導,而只是以補充的方式,令當地醫學包括阿拉伯醫、西醫得以充分發展。當地醫學與中醫始終處於平等的、互為借鑒的地位。

當今，現代醫學高度發展，但在人體陰陽平衡、臟腑經絡協調、因病治宜、疾病預防特別是養生等方面，西醫有所缺陷。此外，西醫在治療一些老年病、慢性病以及一些病因不明的現代病時療效不佳。而中醫針對這類疾病，包括各種疑難雜症乃至高死亡率的疾病均有著獨特的優勢和顯著的療效。這些疑難雜症包括心腦血管疾病、糖尿病、腎病、癌症等，以及一些新型的高致病性傳染病，如禽流感、非典型性肺炎等。

中藥材

另一方面，由於缺乏考核標準，難以規範，中醫不同於經過嚴格科學檢驗的西醫，在各方面都受到嚴格管控，而一些中醫事故使西方世界對中醫產生懷疑。另外，部分中藥可能產生副作用，部分中藥成分不明，含有重金屬或其他有害成分，這些都加重了人們對中醫的懷疑。

儘管形勢並不十分樂觀，但可以相信，隨著中醫研究的深入發展，不斷用科學的尺規去檢驗，"玄妙"的中醫必將揭開它神秘的面紗，被世人所認識和接受。如果說，中醫可以引發起一場新的醫學革命，為社會發展和人類健康做出更大的貢獻，那也並不是空談。

中醫文化是中華民族優秀文化傳統中當之無愧的瑰寶之一，擁有悠久的歷史、豐富的資源、自成一體的理論體系，凝聚著深邃的哲學智慧和中華民族幾千年的健康養生理念及實踐經驗，具有高度的實用價值和文化內涵，不僅是中國優秀文化遺產，更是世界的優秀文化遺產。中醫凝聚了中華民族幾千年的智慧，蘊含著中華文化最精深的哲學思想。中醫豐富的臨床經驗和完整的理論系統絕大部分都是實踐檢驗的結果，證明了其存在的價值。中醫的過去是輝煌的，儘管中醫的現狀並不理想，西方對中醫的"成見"必然還將長期存在，中醫要想取得更進一步的發展，任重而道遠，還需要作為中華兒女的我們加倍努力。

國家圖書館出版品預行編目（CIP）資料

中華文化叢書：中醫 / 于智華 編著. -- 第一版.
-- 臺北市：崧博出版：崧燁文化發行, 2019.05
　　面；　公分
POD版

ISBN 978-957-735-869-1(平裝)

1.中醫 2.中國文化

541.26208　　　　　　　　　　　　　　108006973

書　　　名：中華文化叢書：中醫
作　　　者：于智華 編著
發 行 人：黃振庭
出 版 者：崧博出版事業有限公司
發 行 者：崧燁文化事業有限公司
E - m a i l：sonbookservice@gmail.com
粉 絲 頁：　　　　　　網　　址：
地　　　址：台北市中正區重慶南路一段六十一號八樓815室
8F.-815, No.61, Sec. 1, Chongqing S. Rd., Zhongzheng Dist., Taipei City 100, Taiwan (R.O.C.)
電　　　話：(02)2370-3310　傳　真：(02) 2370-3210
總 經 銷：紅螞蟻圖書有限公司
地　　　址：台北市內湖區舊宗路二段121巷19號
電　　　話:02-2795-3656 傳真:02-2795-4100　網址：
印　　　刷：京峯彩色印刷有限公司（京峰數位）

本書版權為西南師範大學出版社所有授權崧博出版事業股份有限公司獨家發行電子書及繁體書繁體字版。若有其他相關權利及授權需求請與本公司聯繫。

定　　　價：290元
發行日期：2019年05月第一版
◎ 本書以POD印製發行